Vintage Remake

ヴィンテージ・リメイク

ボーイズ古着を
ガールズアイテムにリメイク

Violette Room

この先もずっと変わらないであろう、デザインとかたち。
誰もが一着は持っていて、
どこの古着屋さんにもあるような定番のアイテム。
そんな、なじみの一着をリメイクするアイディアを紹介します。

きちんと仕立てなくては、なんて気負わずに
シミがあっても、多少ほつれていても、
ちょっとぐらい大ざっぱな縫い目でも大丈夫。

さぁ、どうぞ。
あなたらしい、あなたにしか作ることのできない
時間を楽しんでください。

Contents

T-SHIRT Tシャツ

01　リボンT　p.004
02　レーススカートのワンピース　p.005
03　ロングタンク　p.006
04　ねこT　p.007
05　ハーフパンツのオールインワン　p.008
06　こどもロンパース　p.009

Flannel Shirt ネルシャツ

07　ハーフハーフワンピース　p.010
08　ウエストギャザーのジャケット　p.012
09　BIGリボンブラウス　p.013
10　コートワンピース　p.014
11　ハーフハーフスカート　p.015

Border ボーダーTシャツ

12　ボーダーとリバティのワンピース　p.018
13　つけ衿つきのカーディガン　p.019
14　大判スカーフのチュニック　p.020
15　ポーチ　p.021

COLLEGE SWEAT カレッジスウェット

16　アニマルプリント衿のトップス　p.022
17　チューブトップワンピ　p.023
18　ハーフハーフBIGチュニック　p.024
19　パーカーのワンピース　p.025

Gabardine Coat ギャバジンのコート

20　スカーフ衿のステンカラーコート　p.026
21　スカーフモチーフのチャーム　p.028
22　トレンチコートのポンチョ　p.029

Bandanna バンダナ

23　つなぎ合わせたワンピース　p.030
24　こどものキャミソールとスカート　p.031
25　ポシェット　p.032

How to Make　p.033

T-SHIRT

Tシャツ

01

リボンT

before

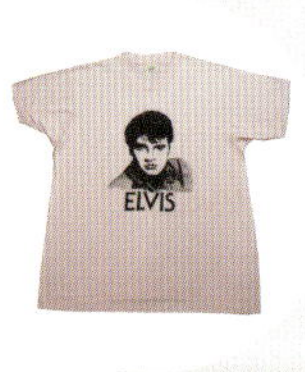

how to make → **p.034**

02

レーススカートの
ワンピース

before

how to make → **p.036**

03

ロングタンク

before

how to make → p.063

04

ねこT

how to make → **p.038**

05

ハーフパンツの
オールインワン

before

+

+

how to make → **p.040**

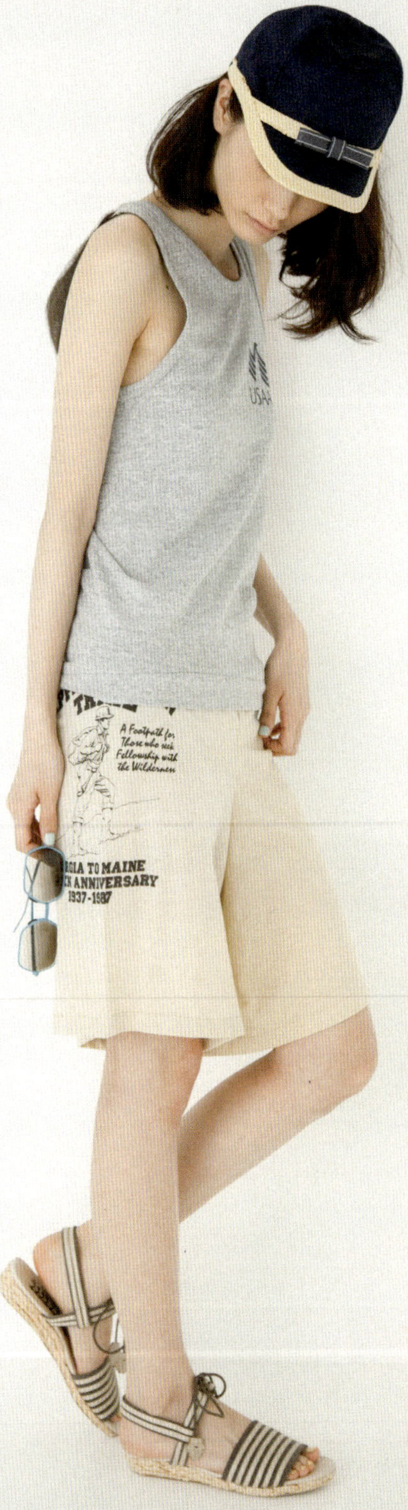

06

こどもロンパース

before

how to make → **p.042**

07

ハーフハーフ
ワンピース

before

+

how to make → **p.044**

Flannel Shirt

ネルシャツ

08

ウエストギャザーの
ジャケット

before

how to make → **p.046**

09

BIGリボンブラウス

before

how to make → **p.048**

10

コートワンピース

before

how to make → **p.050**

page *014* | Flannel Shirt

11

ハーフハーフ
スカート

before

+

how to make → **p.052**

Border

ボーダーTシャツ

12

ボーダーとリバティの
ワンピース

before

how to make → **p.054**

13

つけ衿つきの
カーディガン

before

how to make → **p.056**

14

大判スカーフの
チュニック

before

how to make → **p.059**

page *020* | Border

15

ポーチ

before

how to make → **p.060**

COLLEGE SWEAT
カレッジスウェット

16
アニマルプリント衿の
トップス

before

how to make → **p.064**

17

チューブ
トップワンピ

before

how to make → **p.066**

18

ハーフハーフ
BIGチュニック

before
 +

how to make → **p.068**

19

パーカーの
ワンピース

before

how to make → **p.070**

Gabardine Coat

ギャバジンのコート

20

スカーフ衿の
ステンカラーコート

before

how to make → **p.072**

21

スカーフモチーフの
チャーム

before

how to make → **p.075**

22

トレンチコートの
ポンチョ

before

+

how to make → **p.074**

Bandanna

バンダナ

23

つなぎ合わせた
ワンピース

before

how to make → **p.076**

24

こどもの
キャミソールと
スカート

before

how to make → **p.078**

25

ポシェット

before

how to make → **p.080**

Let's make it!

元になる古着は、プリントTシャツ、ネルシャツ、ボーダーTシャツ、カレッジスウェット、ステンカラーコート、トレンチコート、バンダナ。古着屋さんで入手したメンズサイズがほとんどですが、アイテムによっては、レディスサイズも使っています。各作り方ページに古着の選び方も掲載しました。どれも定番の古着なので、ベーシックなアイテムをセレクトしているお店であれば見つかるはずです。下記におすすめの古着屋さんをご紹介しますので、ぜひお気に入りを見つけてください。

Recommend Shop
定番の古着がそろう、おすすめの4店

Mother Lip
今すぐ着られる丁寧にセレクトされたガーリーな古着がズラリ。
●東京都渋谷区代官山町14-11
tel 03-3463-0472　12:00-20:00営業

原宿シカゴ下北沢店
メンズを中心にピンからキリまで定番アイテムがずらりとそろいぶみ。商品量の豊富さと手ごろな値段はピカイチ。
●東京都世田谷区代沢5-32-5
tel 03-3419-2890　12:00-20:00営業
http://www.chicago.qco.jp

JUNTIQUE'S
古着好きのハートを射止めるなんとも言えないストライクなセレクト。レディスからメンズ、雑貨など幅広い品ぞろえでレースやボタンなどもかわいい。
●東京都目黒区上目黒2-25-13
tel 03-5704-8188　12:00-22:00営業

サンタモニカ表参道店
メンズを中心にスタンダードな古着が多く、シンプルで格好いいものが見つかります。
●東京都渋谷区神宮前5-8-5
tel 03-3498-3260　11:00-20:00営業
http://www.harajuku-santamonica.com/index.html

＊古着は基本的に1点ものなので、この本の中で紹介しているアイテムと同じ古着が手に入るとは限りません。

Look!

伸縮素材を縫うとき
Tシャツ、スウェットなどの伸びる素材を縫う場合、生地が伸びたときに糸が切れてしまうのを防ぐため、ニット専用のミシン糸とミシン針を使います。横地を縫うときには伸ばしながら縫うのがポイントです。

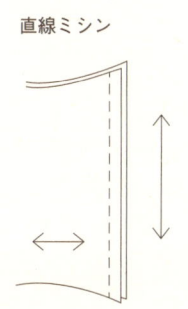

直線ミシン

伸ばした状態で縫う

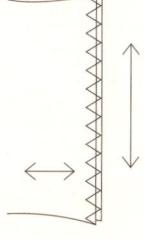

ロックミシン

少し伸ばした状態で縫う。
振り幅は小～普通
ロックミシンがない場合はジグザグミシン

01 リボンT
▷ page 004

Tシャツは袖口をロールアップさせて少しやぼったくしています。リボンの中にはわたを詰めてランダムにミシンでキルトパッチワーク。Tシャツのプリントに合わせてリボンの位置を決めて。

[出来上り寸法]（メンズのXLサイズ使用の場合）
着丈66cm　バスト106cm
＊あくまで目安で、元のTシャツによって変わります。

[材料]
Tシャツ　1枚
キルティング用布　適宜（ここではネルシャツのリメイクで余った部分を使用）
化繊わた　適宜

＊Tシャツの選び方
ジャストサイズでもゆったりでも好みの大きさのものを。人や動物のプリントものが◎。

[準備]
①リボンのパターンを紙の状態で実際にTシャツの上に置き、全体のバランスを見て、自由に大きさと位置を決める。
②キルティング用布を決定したパターンどおりに裁断しておく。

before

[作り方]

① リボンの先をミシンで縫いつけ、わたを詰め、さらにリボンの上をのせて縫い、わたを詰める。

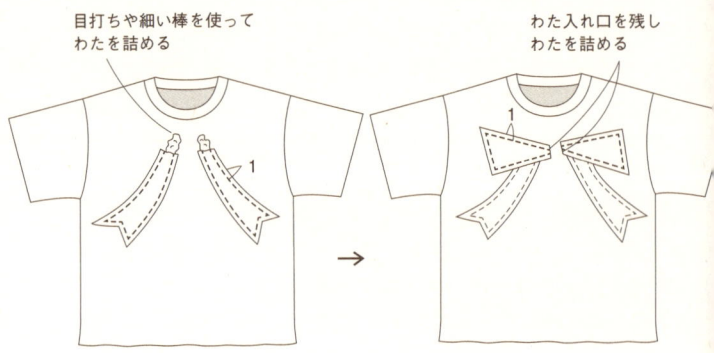

② さらにリボンの中央をのせてわた入れ口をしっかりふさぐように縫う。

③ 丈と袖口は長すぎる場合はカットする。
袖口を2、3回ロールアップして数か所縫いとめ固定する。

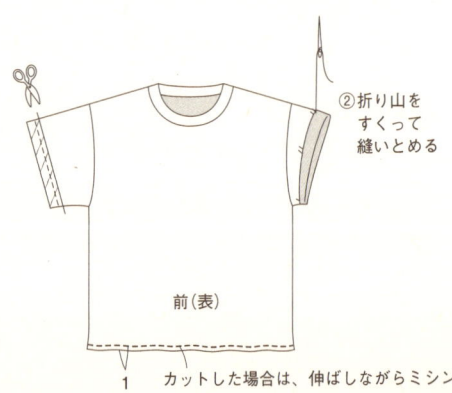

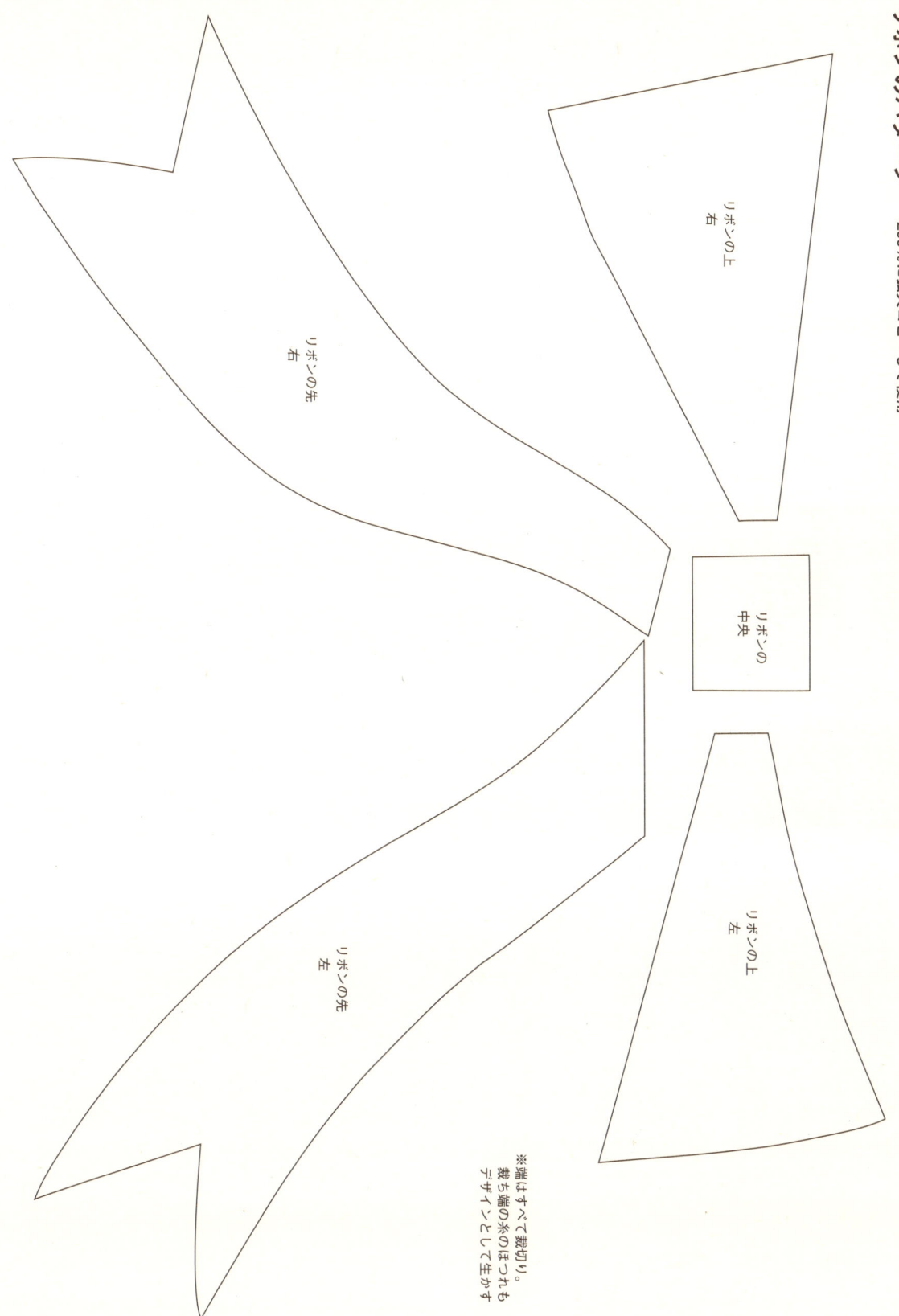

リボンのパターン　200％に拡大コピーして使用

リボンの上
右

リボンの先
右

リボンの中央

リボンの上
左

リボンの先
左

※端はすべて裁ち切り。
裁ち端の糸のほつれも
デザインとして生かす

035 page

02 レーススカートの ワンピース
▷ page 005

Tシャツは袖をカットオフ。丈もスカートとのバランスで調整して。ポイントはハードなBAND Tと繊細なレースの組合せ。

[出来上り寸法]（メンズのLサイズ使用の場合）
着丈110cm　バスト92cm
＊あくまで目安で、元のTシャツによって変わります。

[材料]
Tシャツ　1枚
レース布（表スカート）　130cm幅1.3m
裏布（裏スカート）　122cm幅1.2m

＊Tシャツの選び方
メンズの少し大きめサイズがかわいい。古着の色あせた感じとハードなプリントがポイント。

before

[作り方]

① Tシャツの袖丈をフレンチスリーブになるぐらいにカットする。

② 袖口に捨てミシンをかける。

1
捨てミシン
身頃（表）

③ 表スカートと裏スカートの脇をそれぞれ縫う。

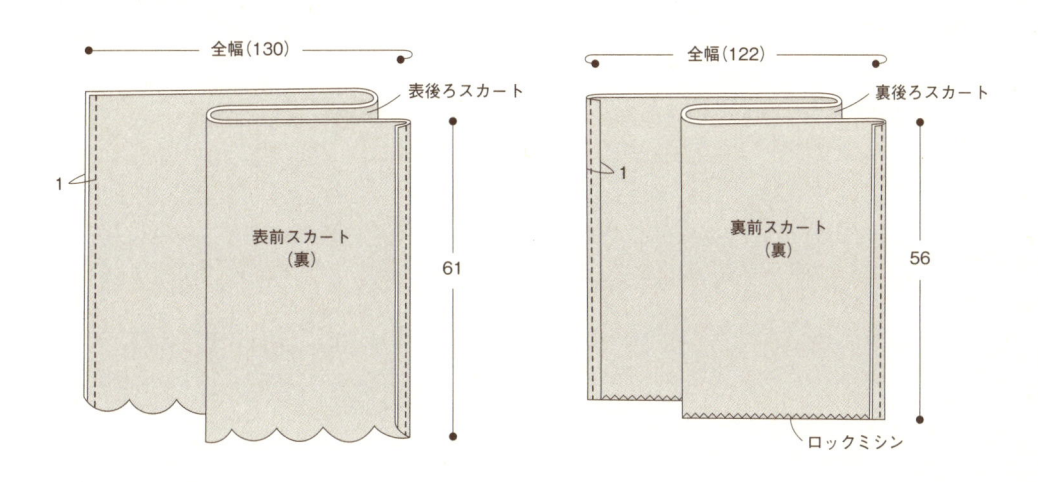

全幅(130) 表後ろスカート
1
表前スカート（裏）
61

全幅(122) 裏後ろスカート
1
裏前スカート（裏）
56
ロックミシン

④ 裏スカートに表スカートを重ね、余分を
タックにして裏スカートと寸法を合わせる。
2枚一緒にギャザーミシンをかけ、
Tシャツよりも少し小さめの寸法に縮める。

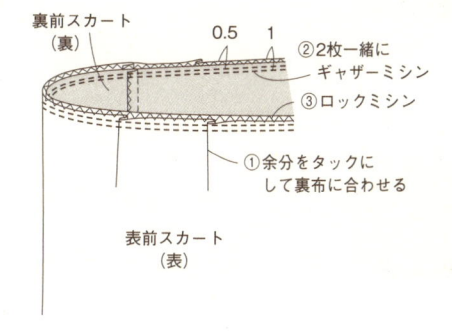

裏前スカート（裏）
0.5　1
②2枚一緒にギャザーミシン
③ロックミシン
①余分をタックにして裏布に合わせる
表前スカート（表）

⑤ 全体のバランスを見ながらTシャツの丈を決め、不要な部分を折り上げてギャザーを寄せたスカートを重ね、
裏側から全部通してしつけをする。ずれないように注意して表側から縫う。

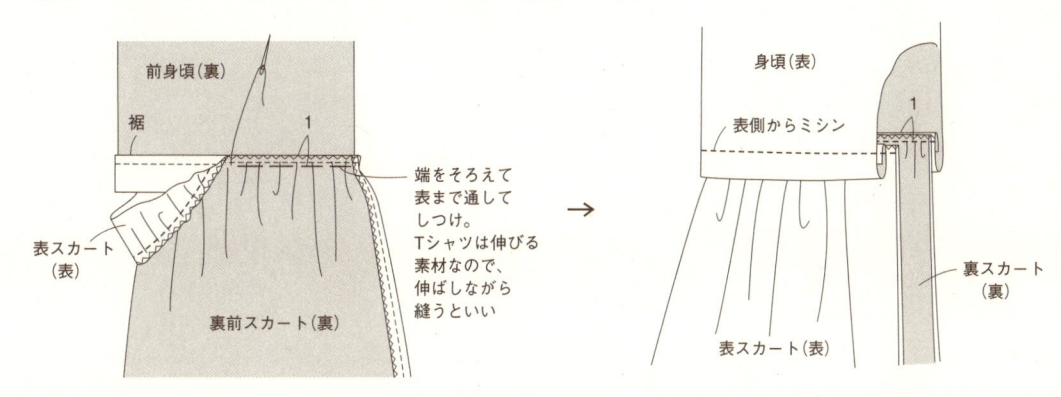

前身頃（裏）
裾
1
表スカート（表）
裏前スカート（裏）
端をそろえて表まで通してしつけ。Tシャツは伸びる素材なので、伸ばしながら縫うといい

→

身頃（表）
表側からミシン
1
裏スカート（裏）
表スカート（表）

037 page

04 ねこT
▷ page 007

衿ぐりをカットして袖口をロールアップさせたTシャツにねこの形に切ったスカーフをパッチワーク。Tシャツの裾は切りっぱなしでくるんとさせます。スカーフは柄のどの部分を使用するかがポイント。ねこの顔の表情もそのときの気分で気ままにチクチク。

[出来上り寸法] （メンズのLサイズ使用の場合）
着丈56cm　バスト96cm
＊あくまで目安で、元のTシャツによって変わります。

[材料]
Tシャツ　1枚
スカーフ　1枚
接着芯　適宜
25番刺繍糸（茶・クリーム）　適宜

＊Tシャツの選び方
ジャストサイズでもゆったりでも好みの大きさのものを。ねこを目立たせるにはシンプルなTシャツがおすすめ。パステルカラーがかわいい。

[準備]
ねこのパターンを紙の状態で実際にTシャツの上に置き、全体のバランスを見て自由に大きさと位置を決める。ねこのパッチワークに使用するスカーフはあらかじめ接着芯をはっておくと作業がしやすい。

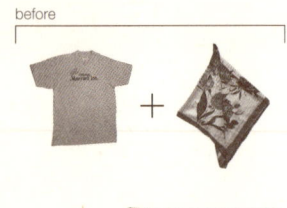

[作り方]

1. スカーフにアップリケのラインを描いてひげ以外を刺繍する。
   - カーブと角に切込みを入れる
   - 縫い代0.5つける
   - (表)

2. アップリケを裁断して縫い代を出来上りに折り、身頃にまつりつける。
   - 細かくまつる
   - 0.5折る
   - 身頃(表)

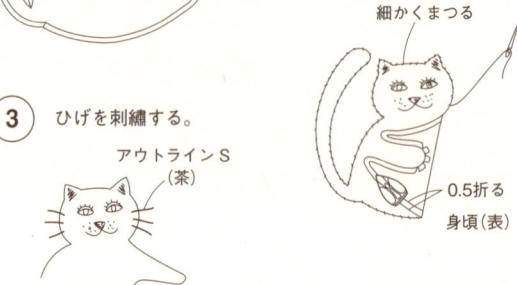

3. ひげを刺繍する。
   - アウトラインS（茶）

4. 衿ぐりのリブを身頃側の縫い代から1cmのところでカットする。丈と袖口は長すぎる場合は好みの丈にカットする。
   - リブを1残してカット
   - 前(表)
   - 好みの丈にカット

5. 裾に捨てミシンをかける。袖口を2、3回ロールアップして数か所縫いとめ固定する。衿ぐりは裁切りのまま、引っ張って伸ばし、くたっとさせる。
   - ③引っ張って伸ばす
   - ②折り山をすくって縫いとめる
   - 前(表)
   - ①カットした場合、伸ばしながら捨てミシン
   - 1

before

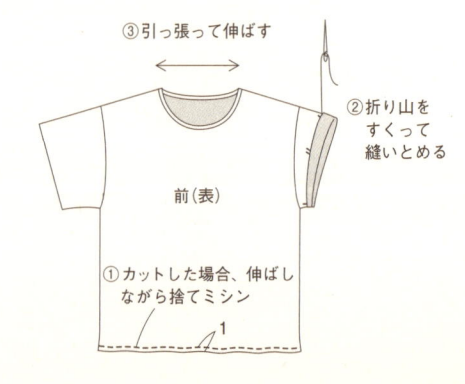

ねこのパターン　130%に拡大コピーして使用

サテンS（茶）

チェーンS（茶）

サテンS（クリーム）

アウトラインS（茶）

フレンチナッツS（茶）

刺繍糸2本どり

サテンS
1出 2入
3出 2入（4入）

アウトラインS
1出 2入
3出 4入

フレンチナッツS
1出 2入
5出 4入

チェーンS
1出 2入
3出 4入

05 ハーフパンツのオールインワン
▷ page 008

タンクトップにTシャツ2枚で作ったパンツをドッキング。タンクトップの身幅でサイズ感が決まるので、ゆったりとしたオールインワンにしたい場合は、タンクトップのサイズを大きめにすると◯。

[出来上り寸法]（すべてメンズのSサイズ使用の場合）
着丈105cm　バスト74cm　ヒップ84cm
＊あくまで目安で、元のTシャツによって変わります。

[材料]
タンクトップ　1枚
Tシャツ（パンツ部分）　2枚
スナップ　直径1cmを2組み

＊タンクトップとTシャツの選び方
ジャストサイズでもゆったりでも好みの大きさのものを。特にパンツ部分に使用するTシャツは好みのパンツの太さを気にしながらセレクト。古着の色あせた感じがかわいい。

[準備]
製図を引いてパンツ部分のパターンを作る。

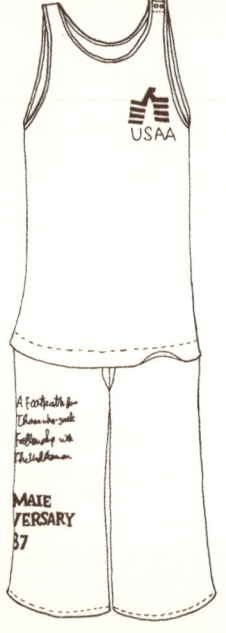

before

[作り方]

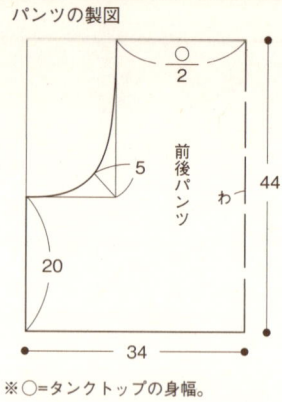

パンツの製図

※○＝タンクトップの身幅。
縫い代は作り方②でつけて裁つ

① タンクトップは縫い目で肩をカット。
Tシャツ2枚は図のように長方形になるようにカットする。

② パンツは前後パンツ、持出し、見返しを裁断する。Tシャツの柄を生かすように配置して。

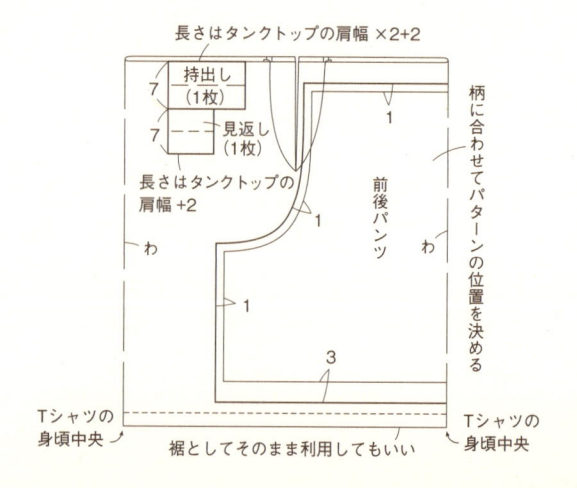

長さはタンクトップの肩幅×2+2
持出し（1枚）
見返し（1枚）
長さはタンクトップの肩幅+2
前後パンツ
柄に合わせてパターンの位置を決める
Tシャツの身頃中央
裾としてそのまま利用してもいい
Tシャツの身頃中央

③ ウエスト位置にロックミシンをかけ、股下を縫う。

④ 左右のパンツを中表に重ねて股ぐりを縫う。

⑤ 持出しと見返しを外表に折る。持出しを縫い返す。

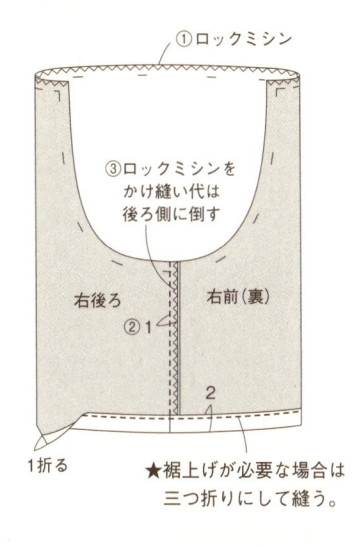

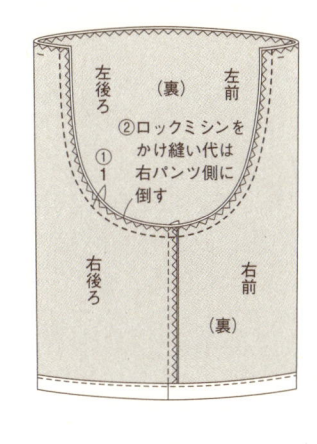

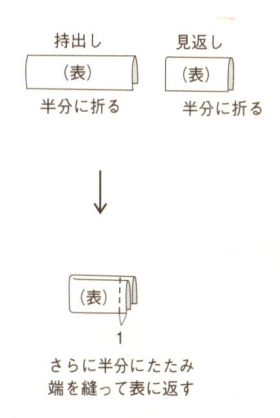

①ロックミシン

③ロックミシンをかけ縫い代は後ろ側に倒す

右後ろ　右前(裏)
②1
2
1折る

★裾上げが必要な場合は三つ折りにして縫う。

左後ろ　(裏)　左前
②ロックミシンをかけ縫い代は右パンツ側に倒す
右後ろ　右前(裏)

持出し（表）半分に折る　　見返し（表）半分に折る

↓

(表)
1
さらに半分にたたみ端を縫って表に返す

⑥ タンクトップの肩を縫う。左肩の前に見返し、後ろに持出しをつけ、右肩を縫う。

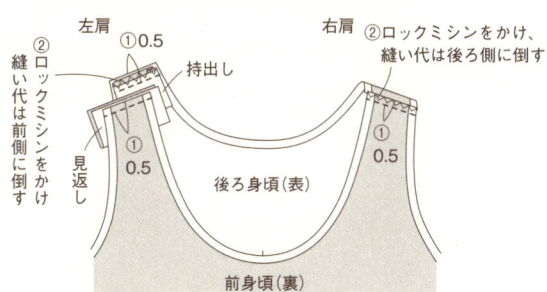

左肩　①0.5　持出し
②ロックミシンをかけ縫い代は前側に倒す
見返し　①0.5
右肩　②ロックミシンをかけ、縫い代は後ろ側に倒す
①0.5
後ろ身頃(表)
前身頃(裏)

⑦ 持出し、見返しにスナップをつける。

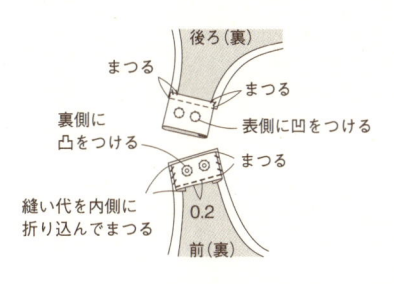

後ろ(裏)
まつる
まつる
表側に凹をつける
裏側に凸をつける
まつる
縫い代を内側に折り込んでまつる
0.2
前(裏)

⑧ タンクトップの裾を折り上げてパンツを重ね、表まで通して伸ばしながらしつけをする。

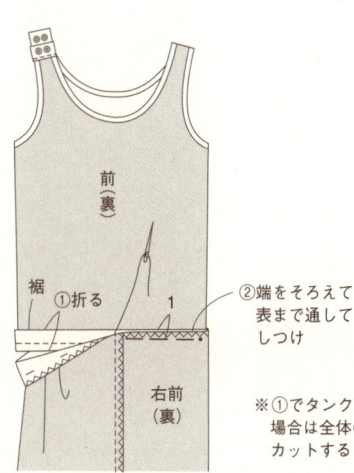

前(裏)
裾　①折る　1
②端をそろえて表まで通してしつけ
右前(裏)

※①でタンクトップが長すぎる場合は全体のバランスを見てカットする

⑨ ずれないように注意して表側から伸ばしながら縫う。

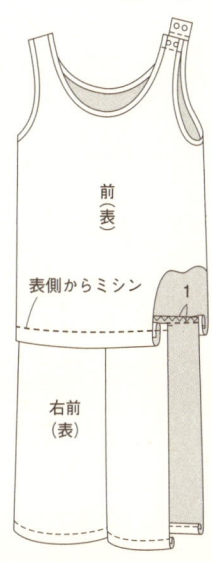

前(表)
表側からミシン　1
右前(表)

041 page

06 こどもロンパース
▷ page 009

袖口にフリルをあしらったひざ上丈のロンパース。くたくたになったTシャツを使えばこどもにもちょうどよい肌触り。

[出来上り寸法]（80〜90cmサイズ）
着丈46.5cm　バスト52cm

[材料]
Tシャツ　1枚
スナップ　直径1cmを5組み、直径0.7cmを1組み

＊Tシャツの選び方
レディスの小さめのものを選ぶと作りやすいです。ありそうでないUSED感のあるPOPなプリントのものがこどもにはかわいい。

[準備]
製図を引いてパターンを作る。

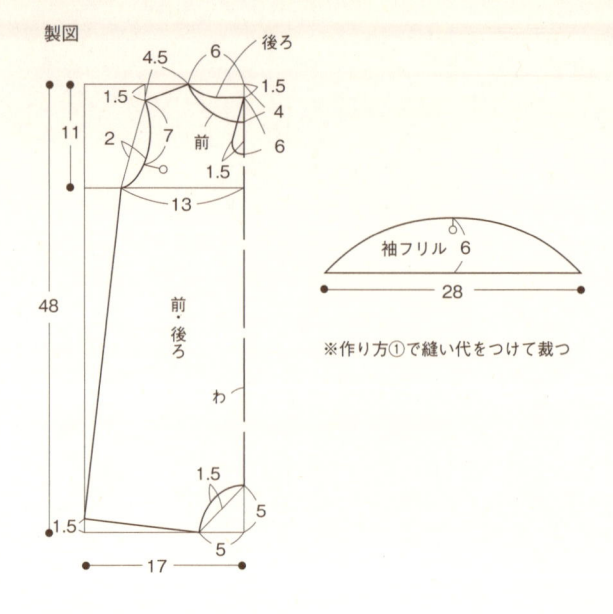

製図

※作り方①で縫い代をつけて裁つ

[作り方]

① Tシャツを前後身頃と袖に切り離してから裁断する。

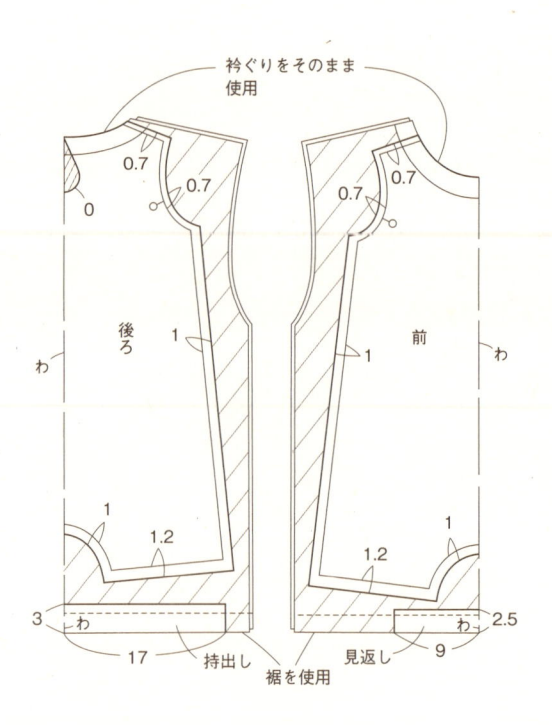

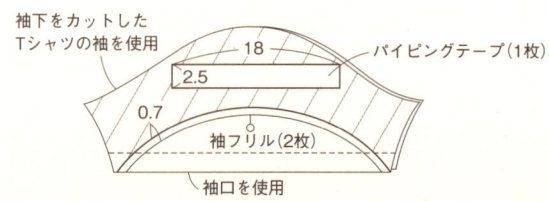

衿ぐりをそのまま使用

持出し　裾を使用
見返し

袖下をカットしたTシャツの袖を使用
パイピングテープ(1枚)
袖フリル(2枚)
袖口を使用

② 後ろ中心のスラッシュあきをパイピングテープでくるんでスナップをつける。

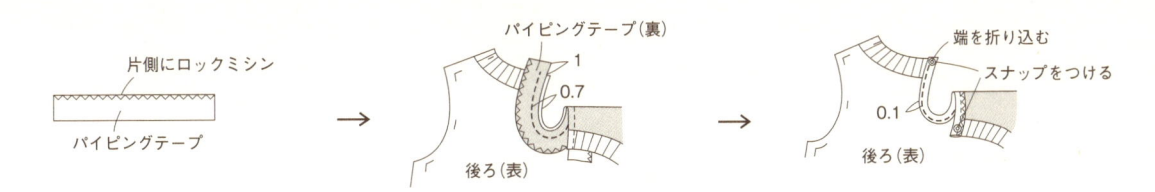

片側にロックミシン
パイピングテープ

パイピングテープ（裏）
1
0.7
後ろ（表）

端を折り込む
スナップをつける
0.1
後ろ（表）

③ 袖フリルにギャザーを寄せて、14cmに縮める。

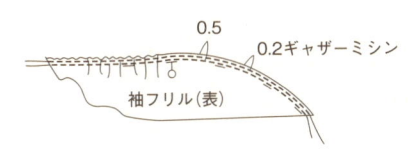

0.5
0.2 ギャザーミシン
袖フリル（表）

④ 肩を縫い、つけ位置に袖フリルをしつけする。

①肩を縫い、縫い代にロックミシン。縫い代は後ろ側に倒す
②袖フリルをしつけする
袖フリル（裏）
③アイロンで出来上りに折る
0.7
0.7
前（裏）

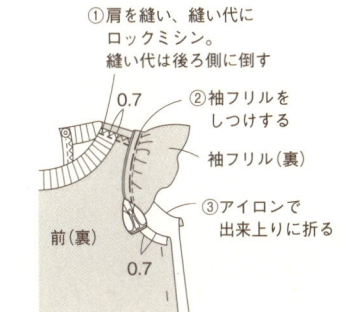

⑤ 袖フリルと身頃を縫う。

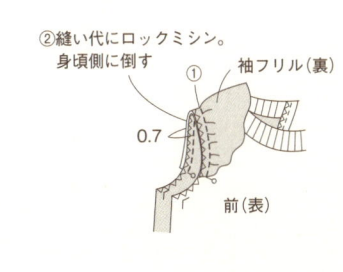

②縫い代にロックミシン。身頃側に倒す
①
袖フリル（裏）
0.7
前（表）

⑥ 脇を縫い、袖ぐり下の縫い代をミシンで押さえ、裾を縫う。

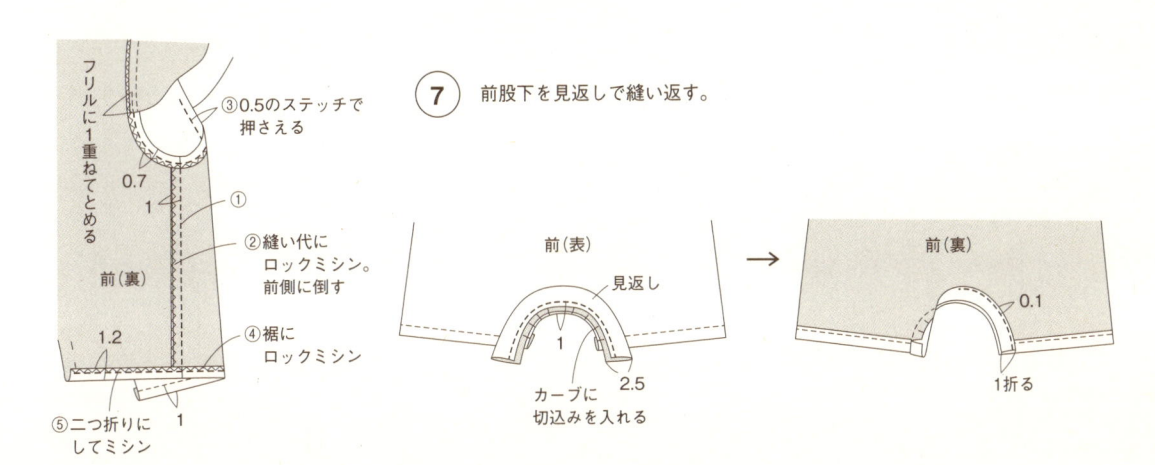

フリルに1重ねてとめる
③0.5のステッチで押さえる
0.7
1
①
②縫い代にロックミシン。前側に倒す
前（裏）
1.2
④裾にロックミシン
⑤二つ折りにしてミシン
1

⑦ 前股下を見返しで縫い返す。

前（表）
見返し
1
2.5
カーブに切込みを入れる

前（裏）
0.1
1 折る

⑧ 持出しを作り、後ろ股下につける。

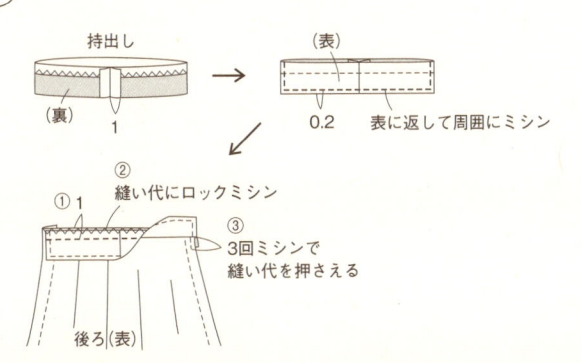

持出し
（裏）
1

（表）
0.2 表に返して周囲にミシン

①1
②縫い代にロックミシン
③3回ミシンで縫い代を押さえる
後ろ（表）

⑨ スナップをつける。

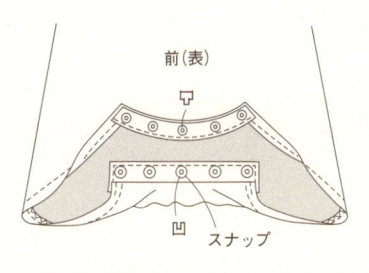

前（表）
凸
凹 スナップ

07 ハーフハーフワンピース
▷ page 010

before

ポイントは2枚の色柄の組合せ。すてきな組合せが見つかるととってもうれしい。前には、袖を使った大きなポケットが2つ。シャツのかたちを最大限に生かしたワンピース。

[出来上り寸法]（メンズのXLサイズ使用の場合）
着丈93cm　バスト112cm
＊あくまで目安で、元のネルシャツによって変わります。

[材料]
ネルシャツ（なるべく同じサイズのもの）　2枚

＊ネルシャツの選び方
ノスタルジックな色合いのものを選んでいます。シャツが小さすぎると丈が短くなるので注意。メンズの大きめのものを使用してください。柄は好みのものを。

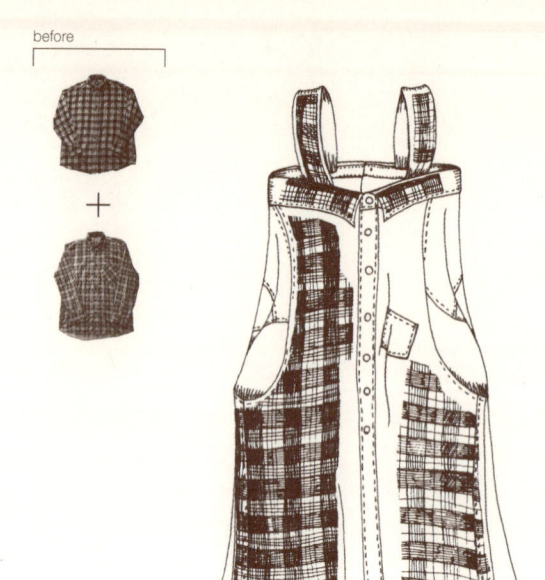

[作り方]

① シャツ2枚（A、Bとする）を背中合せに重ねて袖丈をカットする。
長く残ったほうの袖は肩ひもにするのでカフスをカットする。
肩ひもの長さを考慮してできるだけ長くカットしておくといい。

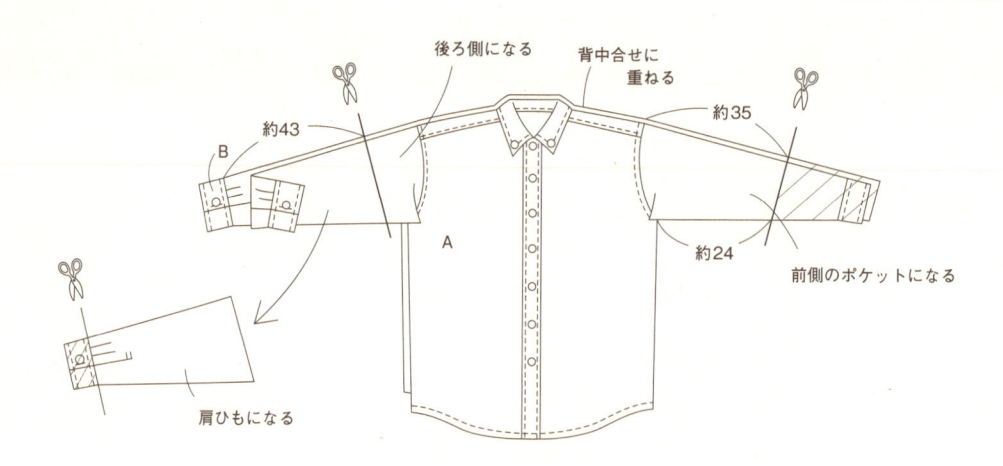

後ろ側になる　背中合せに重ねる
約43　　約35
B
A
約24
前側のポケットになる
肩ひもになる

② 袖口を4か所袋縫いにしてとじる。

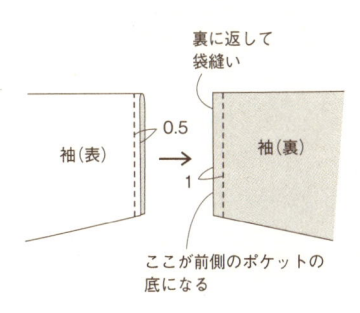

裏に返して
袋縫い

袖(表) 0.5 袖(裏)
1

ここが前側のポケットの底になる

③ AとBを片身頃ずつ合わせて、ボタンをとめる。ボタンとボタンホールの位置が合わない場合はボタンをつけ直す。

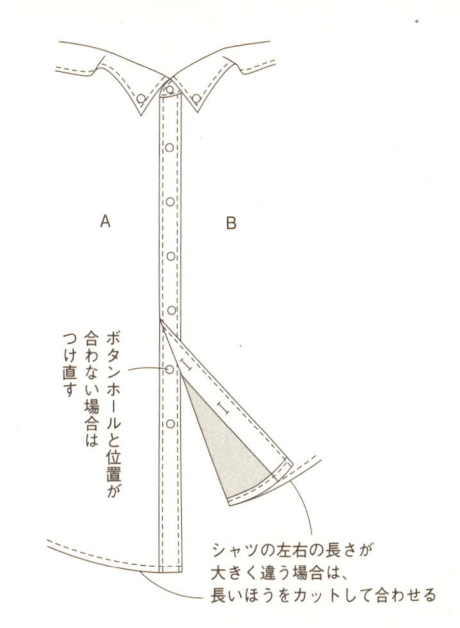

A　B

ボタンホールと位置が合わない場合はつけ直す

シャツの左右の長さが大きく違う場合は、長いほうをカットして合わせる

④ 袖の残りで肩ひもを作る。
肩ひもの長さは、バランスを見て決める。

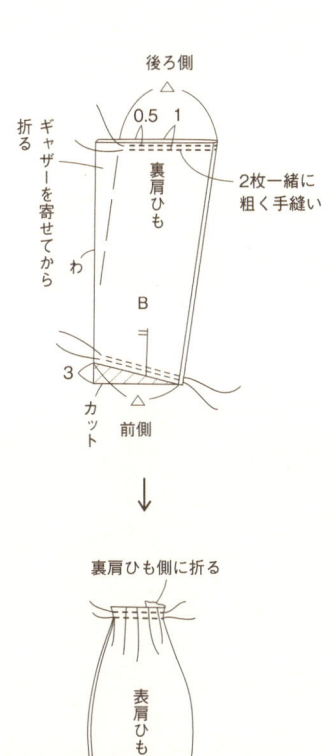

後ろ側
0.5　1

ギャザーを寄せてから折る

裏肩ひも

2枚一緒に粗く手縫い

わ

B

3
カット　前側

↓

裏肩ひも側に折る

表肩ひも

適度にギャザーが寄るように縮める

⑤ 肩ひもを身頃に縫いつける。

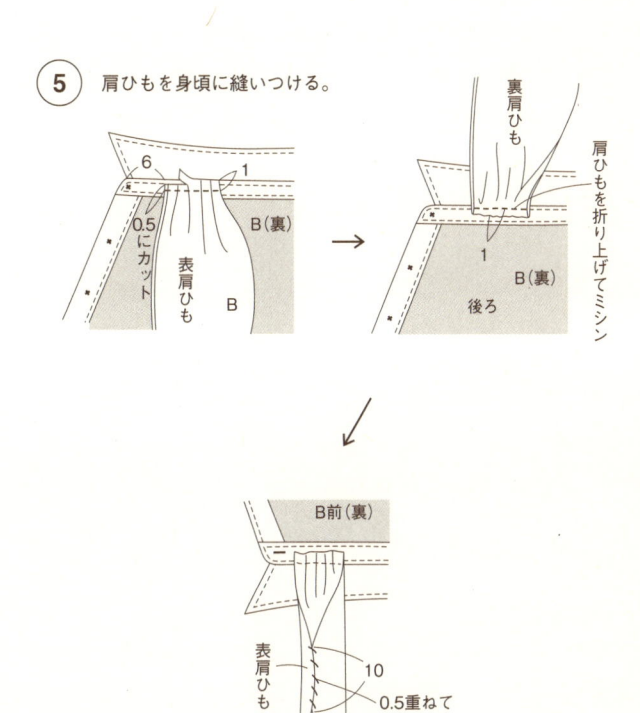

6　1
0.5にカット
表肩ひも
B(裏)
B

→

裏肩ひも
肩ひもを折り上げてミシン
1
B(裏)
後ろ

↓

B前(裏)
表肩ひも
10
0.5重ねてまつる
B後ろ(裏)

08 ウエストギャザーのジャケット
▷ page 012

メンズのネルシャツのウエストにゴムテープを通してウエストをきゅっと絞ったシャツジャケット。さらに7分丈のパフスリーブにすることでガーリーな印象に。

[出来上り寸法]（メンズのXLサイズ使用の場合）
着丈54cm　バスト55cm
＊あくまで目安で、元のネルシャツによって変わります。

[材料]
ネルシャツ　1枚
ゴムテープ　4cm幅75cm

＊ネルシャツの選び方
ノスタルジックな色合いのものを選んでいます。メンズの大きめのものを使用。

before

[作り方]

① 裾、両袖をカットし、カフスの縫い糸をほどいてはずす。

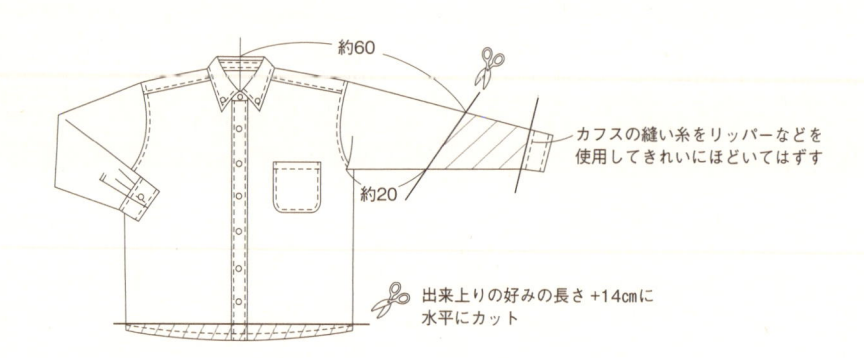

約60
約20

カフスの縫い糸をリッパーなどを使用してきれいにほどいてはずす

出来上りの好みの長さ+14cmに水平にカット

② 袖口にギャザーミシン（分量は図のようなバランスで）をかけ、カフスに合わせて袖口を縮める。

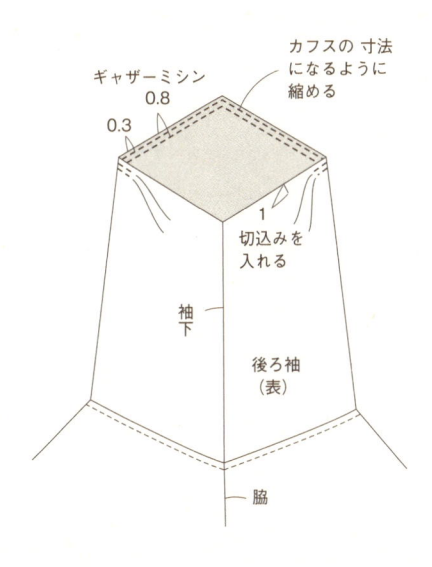

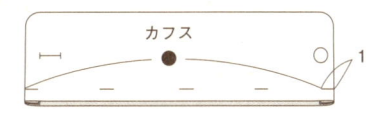

③ 袖口にカフスをつける。

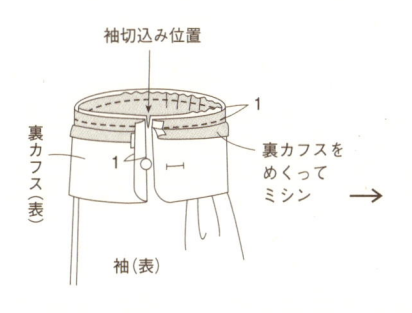

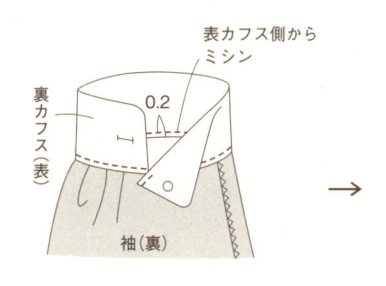

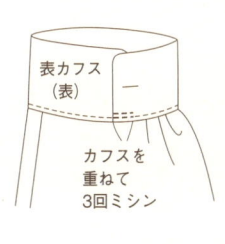

④ 裾を裏側に折り上げて縫い、ゴムテープ通しを作り、ゴムテープを通して前端に縫いとめる。

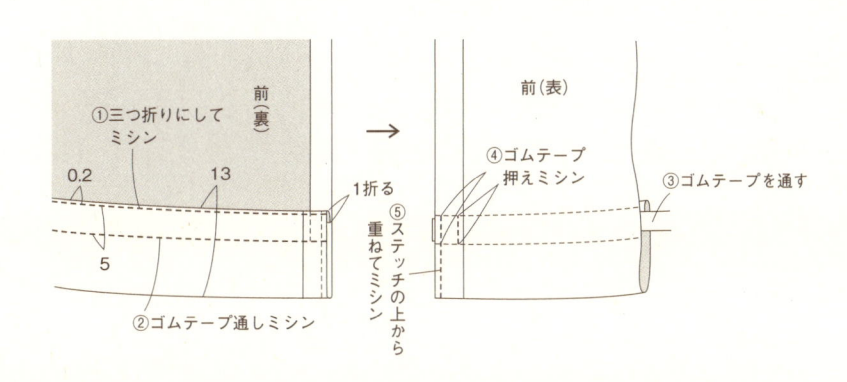

09 BIGリボンブラウス
▷ page 013

before

台衿を残して衿をカットオフ。第2ボタンまであけて開衿シャツ風に衿周囲を縫います。袖と裾をカットし、袖のカットした部分で大きめのリボンを作ります。大きなリボンのブローチは、取りはずし可能です。

[出来上り寸法]（メンズのLサイズ使用の場合）
着丈65cm　バスト106cm
＊あくまで目安で、元のネルシャツによって変わります。

[材料]
ネルシャツ　1枚
ブローチピン　1個

＊ネルシャツの選び方
ノスタルジックな色合いのものを選んでいます。なるべくジャストサイズを選ぶとバランスがとりやすいです。

[作り方]

1　袖丈と身頃の丈、上衿をカットする。

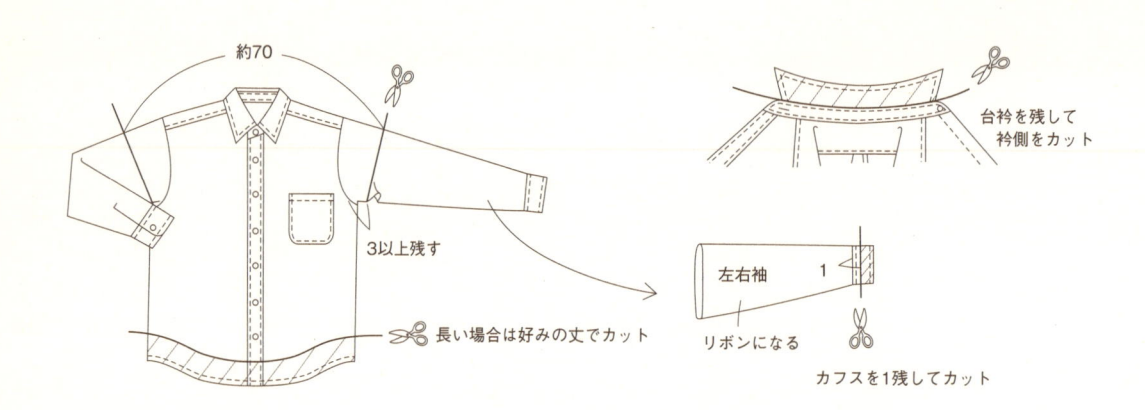

約70
3以上残す
長い場合は好みの丈でカット
台衿を残して衿側をカット
左右袖　1
リボンになる
カフスを1残してカット

② 前端の返止りを決めて身頃と台衿を折り、身頃に縫いつける。第1、第2ボタンは取る。

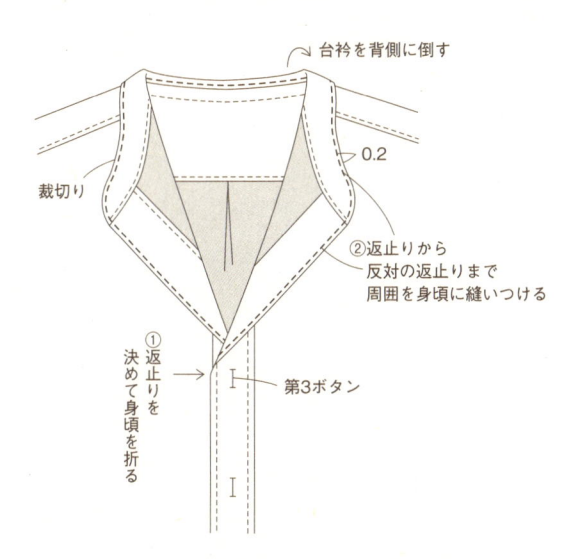

- 台衿を背側に倒す
- 裁切り
- 0.2
- ②返止りから反対の返止りまで周囲を身頃に縫いつける
- ①返止りを決めて身頃を折る
- 第3ボタン

③ 袖口を三つ折りにして縫い、袖口があきすぎるようなら袖ぐりの下部分を重ねて縫う。

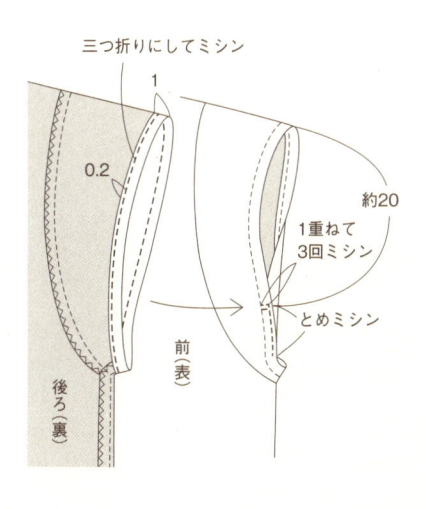

- 三つ折りにしてミシン
- 1
- 0.2
- 約20
- 1重ねて3回ミシン
- とめミシン
- 後ろ（裏）
- 前（表）

④ 裾をカットした場合は裾を三つ折りにして縫う。

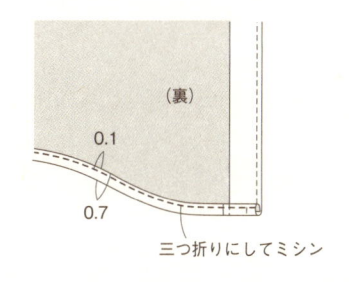

- （裏）
- 0.1
- 0.7
- 三つ折りにしてミシン

⑤ 左右の袖と身頃の残りを使ってリボンを作り、ブローチピンをつける。

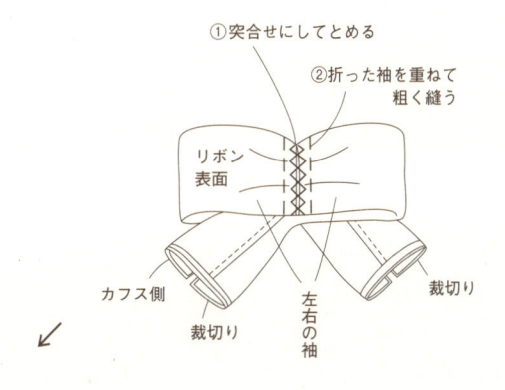

- ①突合せにしてとめる
- ②折った袖を重ねて粗く縫う
- リボン表面
- カフス側
- 裁切り
- 左右の袖
- 裁切り

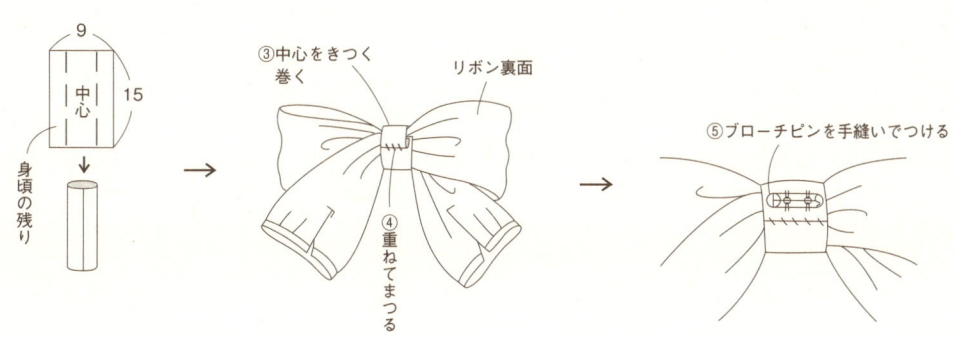

- 9
- 中心
- 15
- 身頃の残り

- ③中心をきつく巻く
- リボン裏面
- ④重ねてまつる

- ⑤ブローチピンを手縫いでつける

10 コートワンピース
▷ page 014

before

ウエストを前で絞ってワンピースとして着たり、後ろで絞ってガウンやコートとしても使える2WAY仕様。2枚の色柄の組合せで印象が大きく変わります。シャツのサイズが体に合っていると着たときのバランスがとりやすい。

[出来上り寸法]（メンズのLサイズ使用の場合）
着丈95cm　バスト116cm
＊あくまで目安で、元のネルシャツによって変わります。

[材料]
ネルシャツ（なるべく同じサイズのもの）　2枚

＊ネルシャツの選び方
ノスタルジックな色合いのものを選んでいます。なるべくジャストサイズを選ぶとバランスがとりやすい。

[作り方]

① ネルシャツの身頃をそれぞれカットして、1枚（Aとする）は上、もう1枚（Bとする）は下を使用する。
Bの衿ぐりは台衿のつけ位置でカットし、袖もカットする。
Bの表ヨークは縫い代も使うので、縫い糸をほどいて身頃からはずす。

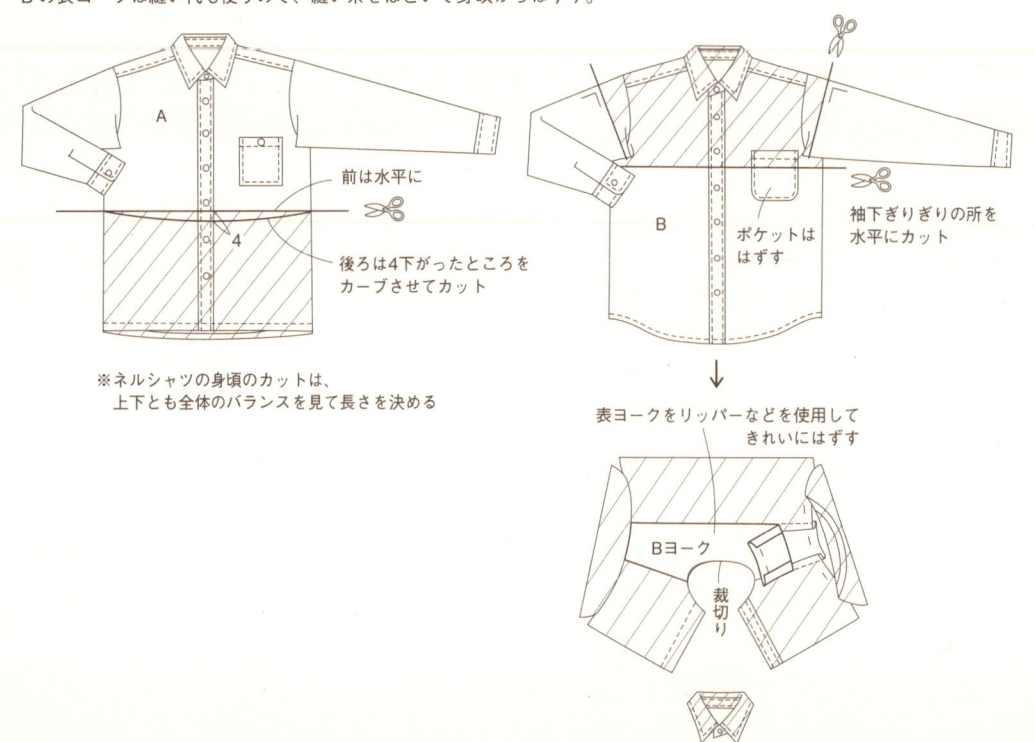

前は水平に
後ろは4下がったところをカーブさせてカット

※ネルシャツの身頃のカットは、上下とも全体のバランスを見て長さを決める

ポケットははずす
袖下ぎりぎりの所を水平にカット

表ヨークをリッパーなどを使用してきれいにはずす

Bヨーク
裁切り

② Aのヨークに合わせてBのヨークの縫い代を折り直し、Aに重ねて周囲を縫う。

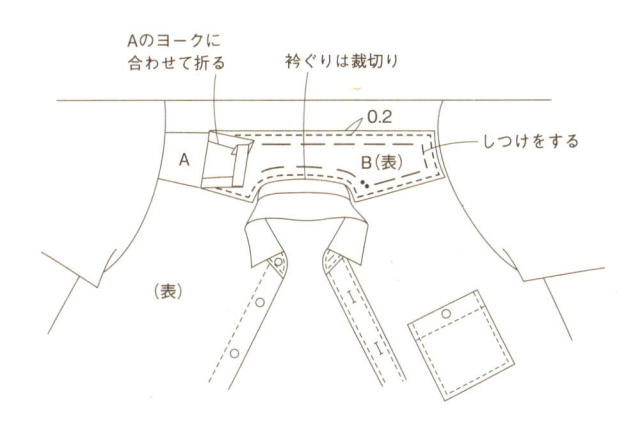

③ AとBのウエストを合わせて袋縫いにする（縫い代はA側に倒す）。

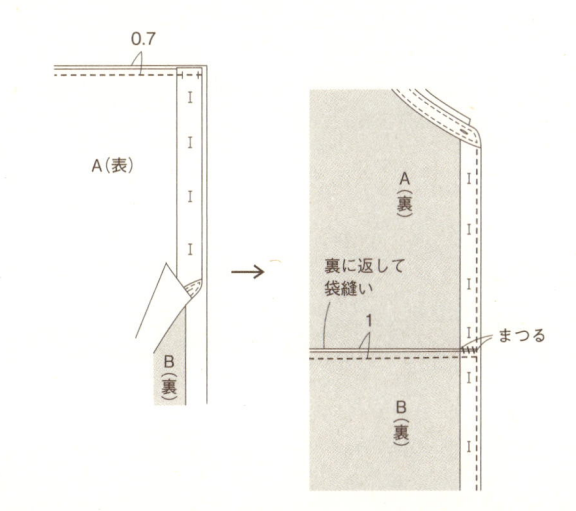

④ Bの両袖を身頃の脇に縫いつける。

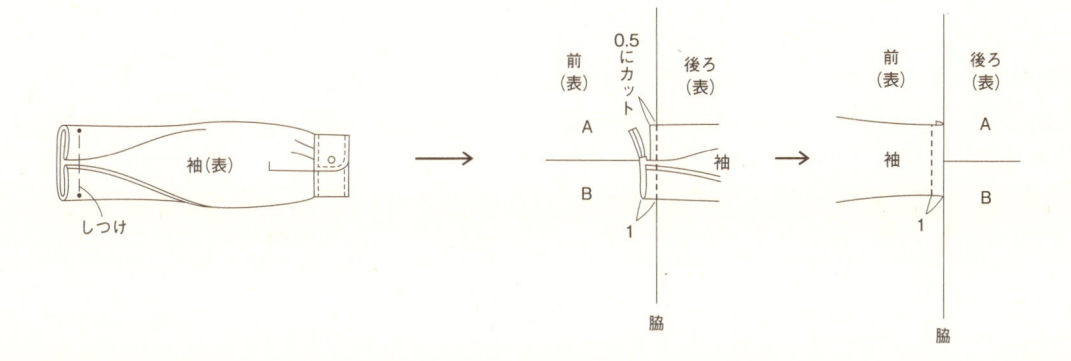

11 ハーフハーフスカート
▷ page 015

before

2枚の色柄の組合せとサイズ感がポイント。大きめの似ているサイズのネルシャツの丈をひざ上くらいで左右そろえてカット。前にはシャツの袖を利用した大きなポケットが2つ。シャツを腰に巻いているようなイメージで。

[出来上り寸法]（メンズのLサイズ使用の場合）
ウエスト68cm　スカート丈55cm
*あくまで目安で、元のネルシャツによって変わります。

[材料]
ネルシャツ（なるべく同じサイズのもの）　2枚

*ネルシャツの選び方
ノスタルジックな色合いのものを選んでいます。メンズの大きめのものを使用。

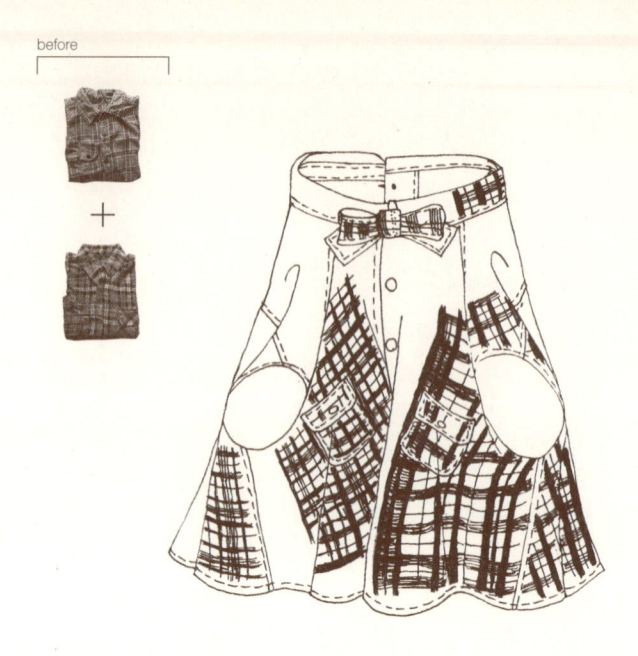

[作り方]

① シャツ2枚（A、Bとする）を背中合せに重ねて袖丈と身頃の丈をカットする。

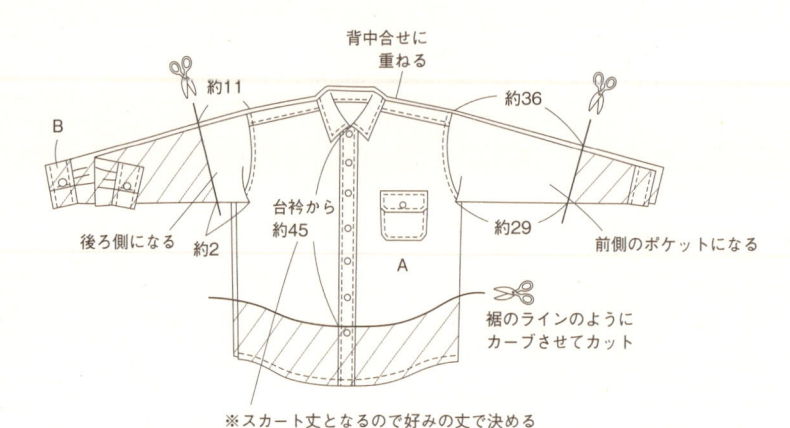

- 背中合せに重ねる
- 約11
- 約36
- B
- 後ろ側になる
- 約2
- 台衿から約45
- A
- 約29
- 前側のポケットになる
- 裾のラインのようにカーブさせてカット
- ※スカート丈となるので好みの丈で決める

② 裾を三つ折りにして縫う。

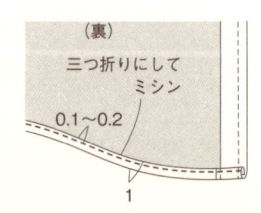

- （裏）
- 三つ折りにしてミシン
- 0.1〜0.2
- 1

page 052　| Let's make it!

③ 袖口を4か所袋縫いにしてとじる。

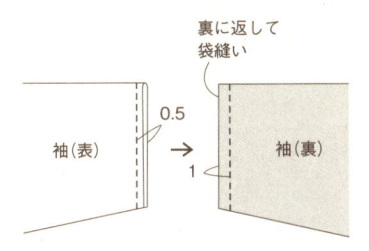

袖(表) 0.5 / 1 裏に返して袋縫い 袖(裏)

④ A、Bとも衿を出来上りに折って衿の外回りを身頃に縫いつける。

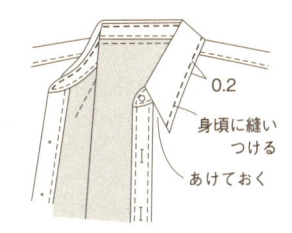

0.2 身頃に縫いつける あけておく

⑤ 残り布をはぎ合わせてリボンを作る。

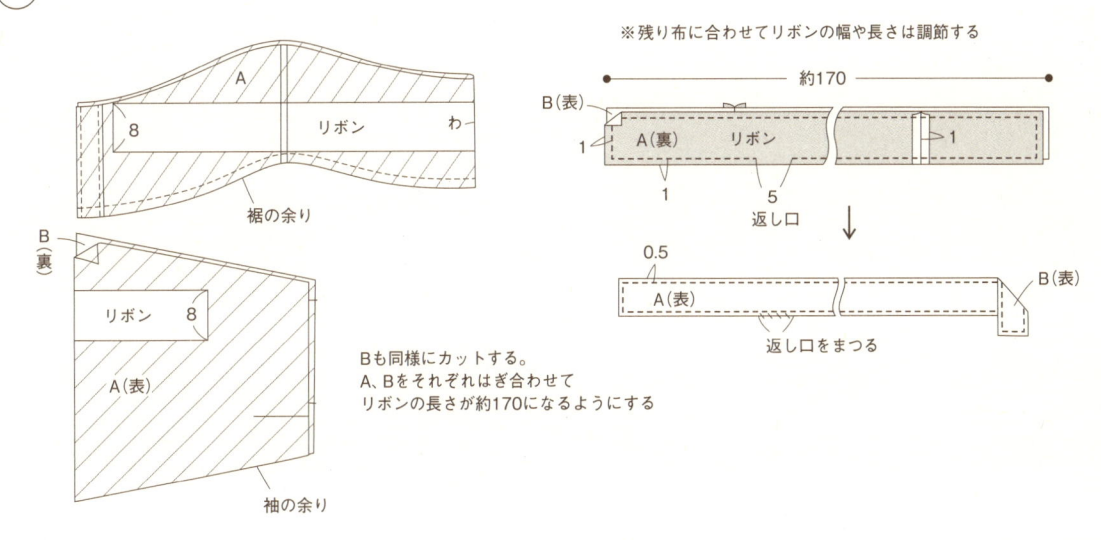

A リボン わ
8
裾の余り

B(裏)
リボン 8
A(表)
袖の余り

Bも同様にカットする。
A、Bをそれぞれはぎ合わせて
リボンの長さが約170になるようにする

※残り布に合わせてリボンの幅や長さは調節する

約170
B(表)
A(裏) リボン
1
1 5
返し口

↓

0.5
A(表) B(表)
返し口をまつる

⑥ AとBを片身頃ずつ合わせて、ボタンをとめる。ボタンとボタンホールの位置が合わない場合はボタンをつけ直す。
リボンを衿の間に通す。

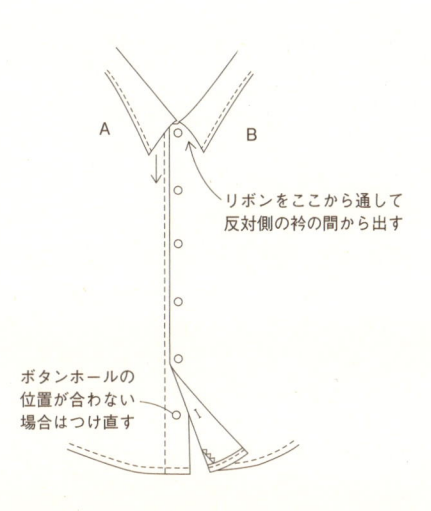

A B
リボンをここから通して反対側の衿の間から出す
ボタンホールの位置が合わない場合はつけ直す

12 ボーダーとリバティのワンピース
▷ page 018

before

ボーダー×リバティのフラワープリントがガーリーな組合せ。ハイウエストのスカートはポイントカラーのリボンでギャザーを寄せて。

[出来上り寸法]（メンズのSサイズ使用の場合）
着丈102cm　バスト92cm
※あくまで目安で、元のボーダーTシャツによって変わります。

[材料]
ボーダーTシャツ（7分袖）　1枚
リバティプリント（スカート）　110cm幅1.8m
リボン　2.5cm幅1.7m

＊ボーダーTシャツの選び方
なるべくジャストサイズを選ぶとバランスがとりやすいです。

[作り方]

① ボーダーTシャツの身頃の丈をカットする。

② 身頃の裾にロックミシンをかけ、スカート合せ位置に印をつける。

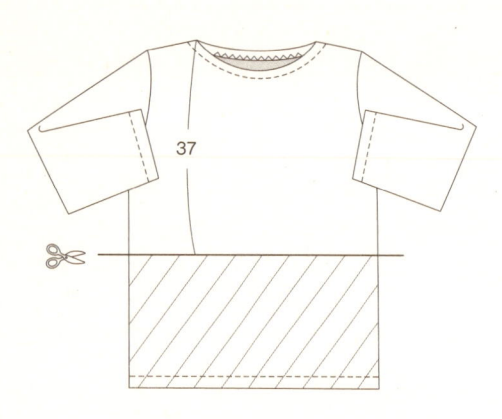

37

身頃（表）

7

ロックミシン

スカート合せ位置

※全体のバランスを見て、袖丈も好みの丈にカットしてもいい

③ スカートの前中心と後ろ中心を縫い、縫い代を割る。
この時、前中心にリボン通し口を残しておく。

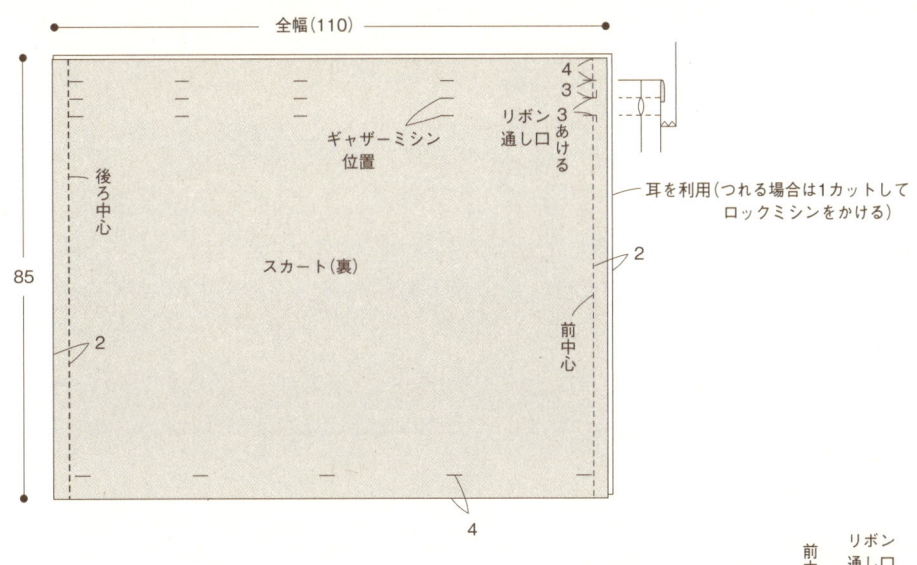

全幅(110)

4
3
3あける
リボン通し口

ギャザーミシン位置

耳を利用(つれる場合は1カットしてロックミシンをかける)

後ろ中心

85

スカート(裏)

2

前中心

2

4

④ スカートの裾を三つ折りにして縫い、
ウエストを折り、ギャザーミシンをかける。
身頃のウエストを少し伸ばした寸法に合わせて
スカートのギャザーを縮める。

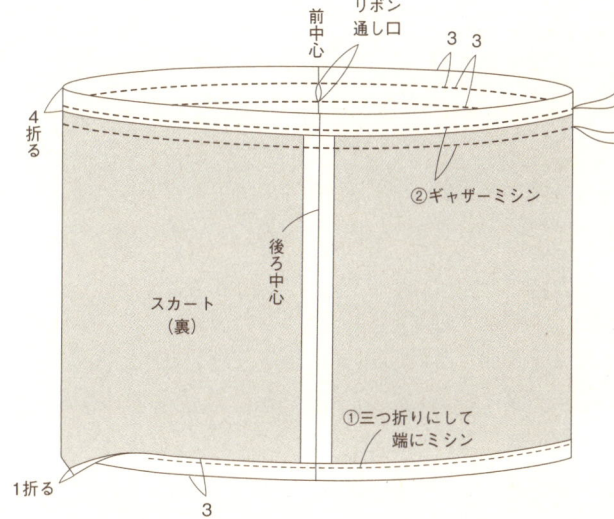

前中心
リボン通し口
3 3

4折る

②ギャザーミシン

スカート(裏)

後ろ中心

①三つ折りにして端にミシン

1折る
3

⑤ 印を合わせ、身頃にスカートを重ねてしつけをし、
ウエストを伸ばしながら縫う。
リボン通し口からリボンを通す。

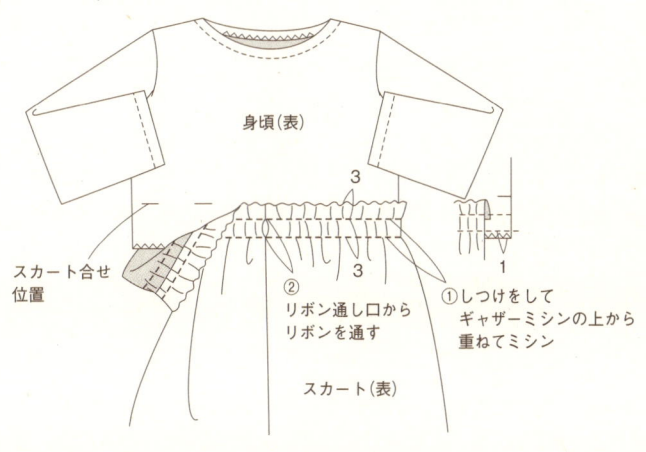

身頃(表)

3

スカート合せ位置

②リボン通し口からリボンを通す

①しつけをしてギャザーミシンの上から重ねてミシン

3

1

スカート(表)

13 つけ衿つきの カーディガン
▷ page 019

パールとラインストーンをちりばめたつけ衿をプラスしてボーダーをおしゃれに。前後ろはなく、前あきでカーディガンとしても、後ろあきのトップスとしても着られます。ボタンは宝石のようにキラキラ光る大きめなものをつけるとチャーミング。

[出来上り寸法]（レディスのMサイズ使用の場合）
着丈60cm　バスト92cm
*あくまで目安で、元のボーダーTシャツによって変わります。

[材料]
ボーダーTシャツ（長袖）　1枚
リボン　3.5cm幅（持出し2枚・見返し1枚）
　（Tシャツの丈＋2cm）×3枚　（ここでは1.8m）
ボタン　直径2.5cmを4個
くるみスナップ　直径1.5cmを4組み
つけ衿用布　110cm幅50cm
オーガンディ　50×30cm
飾り用ビーズ
　（パール、ラインストーンブレードなど）適宜
スプリングホック　1組み

*ボーダーTシャツの選び方
なるべくジャストサイズを選ぶとバランスがとりやすいです。

[作り方]

カーディガン

1. Tシャツの前中心を左身頃側に1cm移動してカットする。

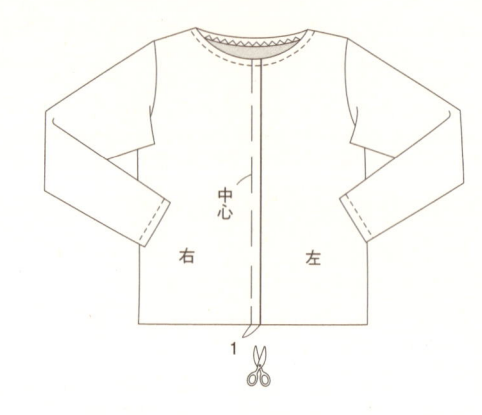

2. 右身頃に見返し、左身頃に持出しをつける。

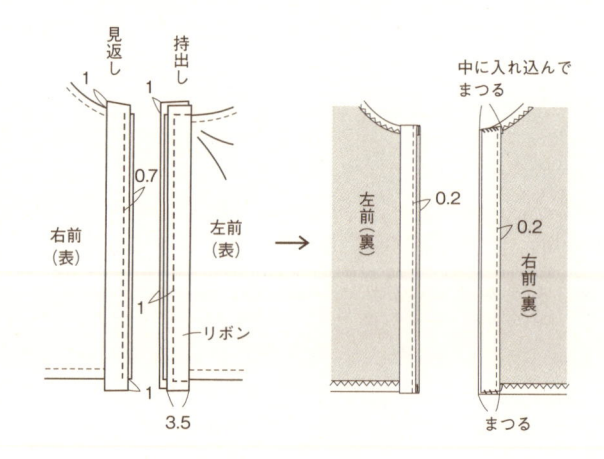

3. くるみスナップをつける。右身頃に飾りボタンをつける。

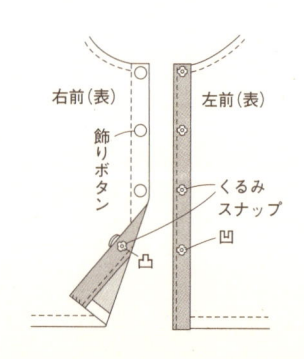

つけ衿

1 つけ衿のパターンに縫い代をつけて布を裁断する。
衿に厚みを持たせるために3枚裁つ。

パターン → P.58

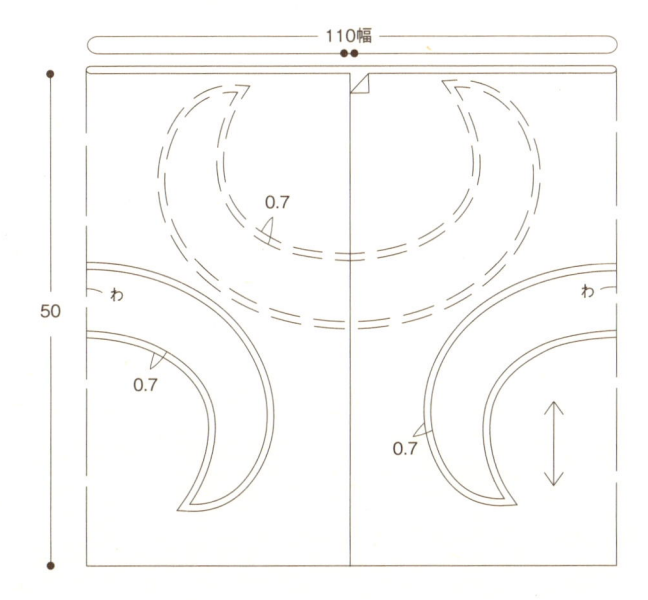

- 110幅
- 50
- 0.7
- わ
- 0.7
- 0.7
- 0.7

2 返し口を残して3枚で衿周囲を縫う。

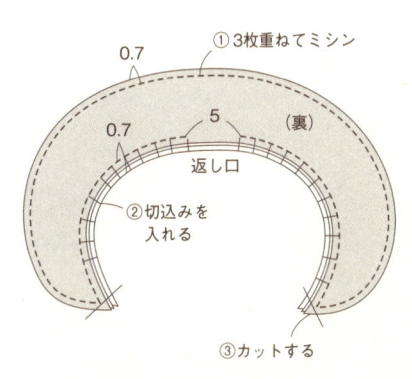

- ①3枚重ねてミシン
- 0.7
- 0.7
- 5
- (裏)
- 返し口
- ②切込みを入れる
- ③カットする

※薄い生地を使用する場合は接着芯をはる

3 表に返して返し口をまつり、オーガンディを重ねてしつけをし、衿の際からカットする。

- ②オーガンディを重ねてしつけ
- ①返し口をまつる
- ③衿の際からカットする
- オーガンディ(表)
- 表衿(表)

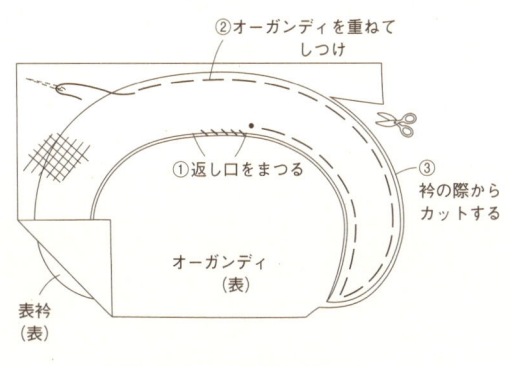

※表に返す際は、表衿側が2枚、裏衿側が1枚になるようにする。

4 裏衿側にスプリングホックをつける。

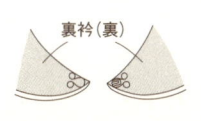

裏衿(裏)

5 表衿2枚まですくい、ビーズなどをとめつける。

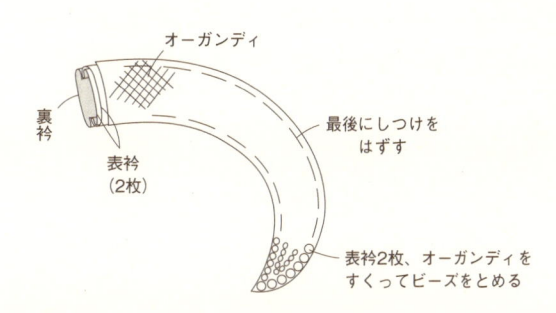

- オーガンディ
- 裏衿
- 表衿(2枚)
- 最後にしつけをはずす
- 表衿2枚、オーガンディをすくってビーズをとめる

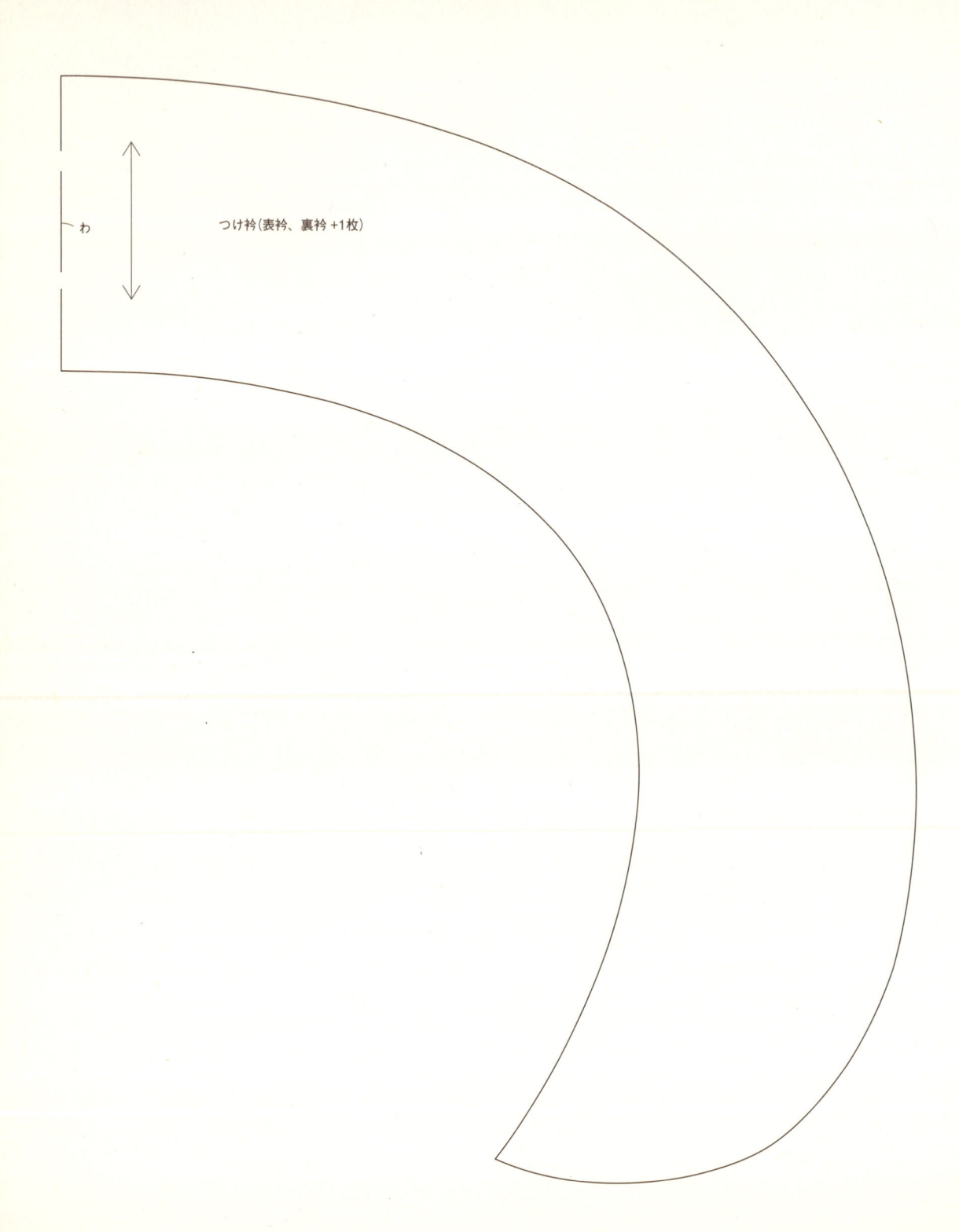

13　つけ衿のパターン　　120％に拡大コピーして使用

わ

つけ衿(表衿、裏衿＋1枚)

14 大判スカーフのチュニック
▷ page 020

before

インパクトのある柄のスカーフを見つけたら、チュニックに。ボーダーTシャツの胸の下で切り替えてギャザーを寄せて。残ったボーダーの裾を使ってクラッチバッグサイズの大きめポーチに（P.60）。

[出来上り寸法]（メンズのSサイズ使用の場合）
着丈71cm　バスト88cm
＊あくまで目安で、元のボーダーTシャツによって変わります。

[材料]
ボーダーTシャツ（半袖）　1枚
スカーフ　86×86cm　1枚

＊ボーダーTシャツとスカーフの選び方
なるべくジャストサイズを選ぶとバランスがとりやすいです。スカーフはインパクトのあるプリントを！！

[作り方]

1. Tシャツの身頃の丈をカットする。スカーフを2等分する。

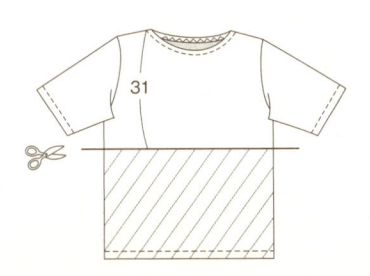

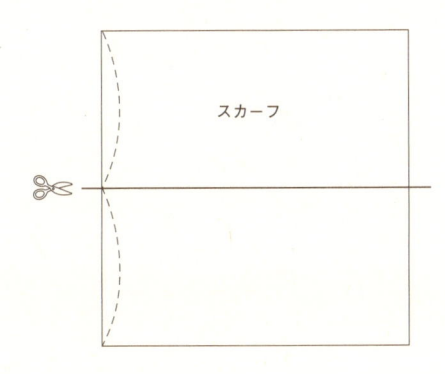

31

スカーフ

2. 前後下身頃にギャザーミシンをかける。スリット止りまで脇を縫い、縫い代は前側に倒す。

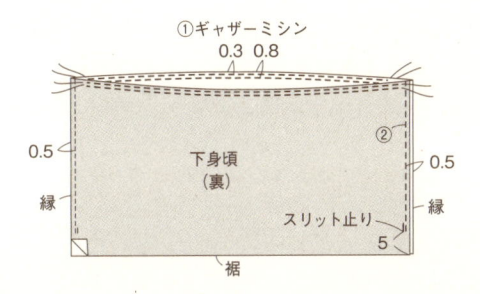

①ギャザーミシン
0.3　0.8
0.5　下身頃（裏）　0.5
縁　スリット止り　縁
裾　5

3. 上身頃のウエストを少し伸ばした寸法に合わせて下身頃のギャザーを縮める。中表に合わせ、ウエストを伸ばしながら縫う。

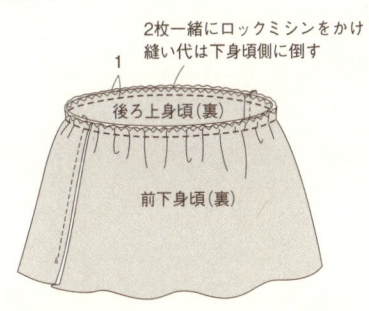

2枚一緒にロックミシンをかけ
縫い代は下身頃側に倒す
1
後ろ上身頃（裏）
前下身頃（裏）

15 ポーチ
▷ page 021

残りものの生地どうしで便利なポーチを。大小さまざまな大きさでたくさん作っちゃおう。

[出来上り寸法]
28×18cm

[材料]
表袋（14のボーダーTシャツの残り） 45×23cm
裏袋（キュプラ） 32×23cm
フリル布（リバティプリント） 110cm幅10cm
ファスナー 26cm
　（つけ寸法に合わせてカットした寸法）を1本
リボン（ベロア） 2.5cm幅10cm

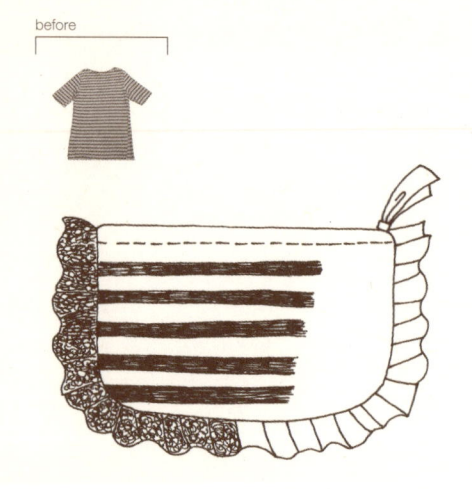

before

[作り方]

① ボーダーTシャツの残りから、表袋とポケットを縫い代をつけて裁断する。ポケットは裾でとれる場所を使用する。裏袋を裁断する。
パターン → P.62

Tシャツの裾を使用

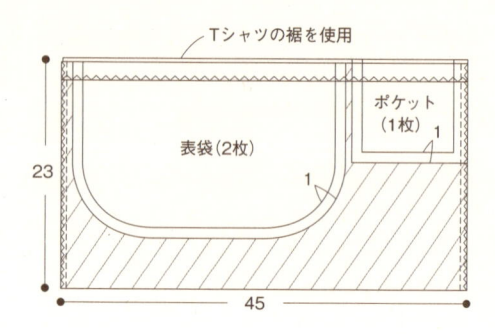

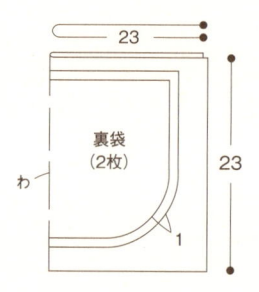

表袋(2枚)　ポケット(1枚)
23　　　　　　1
　　　　　　1
45

23
裏袋(2枚)　23
わ　　　　　1

② フリル布を半分にたたみ、両端を縫い返し、ギャザーを寄せる。

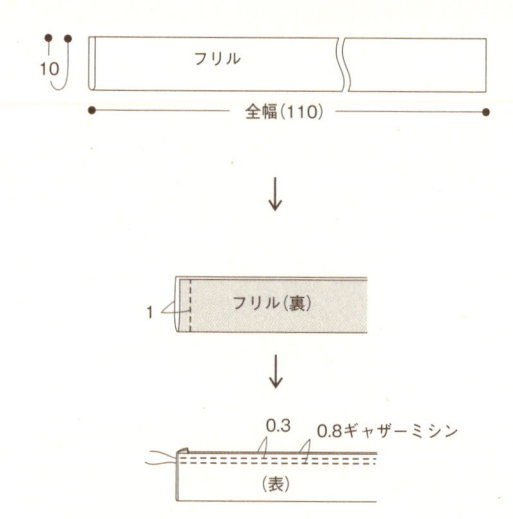

10　フリル
全幅(110)

↓

1　フリル(裏)

↓

0.3　0.8ギャザーミシン
(表)

③ 表袋にファスナーをつける。

④ 表袋1枚にフリルをとめつけて表袋ではさんで縫う。

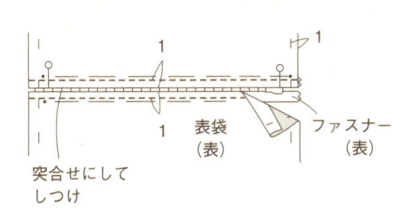

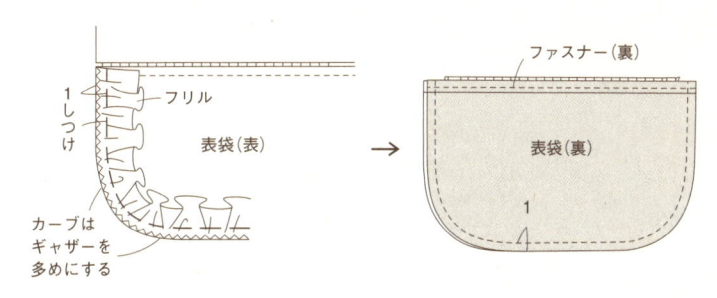

⑤ 裏袋にポケットをつける。

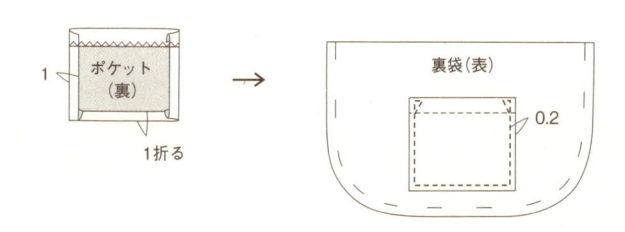

⑥ 裏袋を縫い、縫い代を整える。

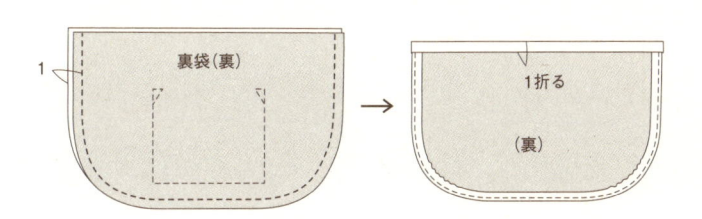

⑦ 表袋に裏袋を重ねて底の縫い代どうしを一部とめる。
ファスナーミシンの位置に裏袋の口を合わせてまつる。

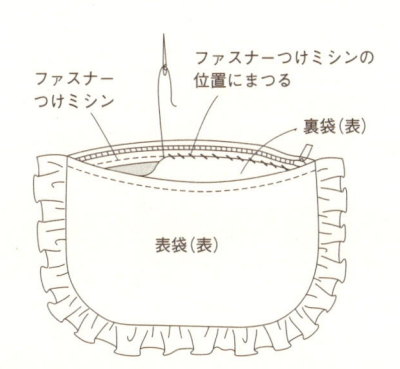

⑧ ファスナーのつまみにリボンをつける。

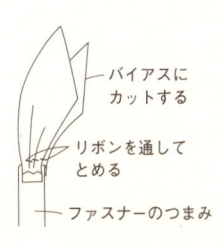

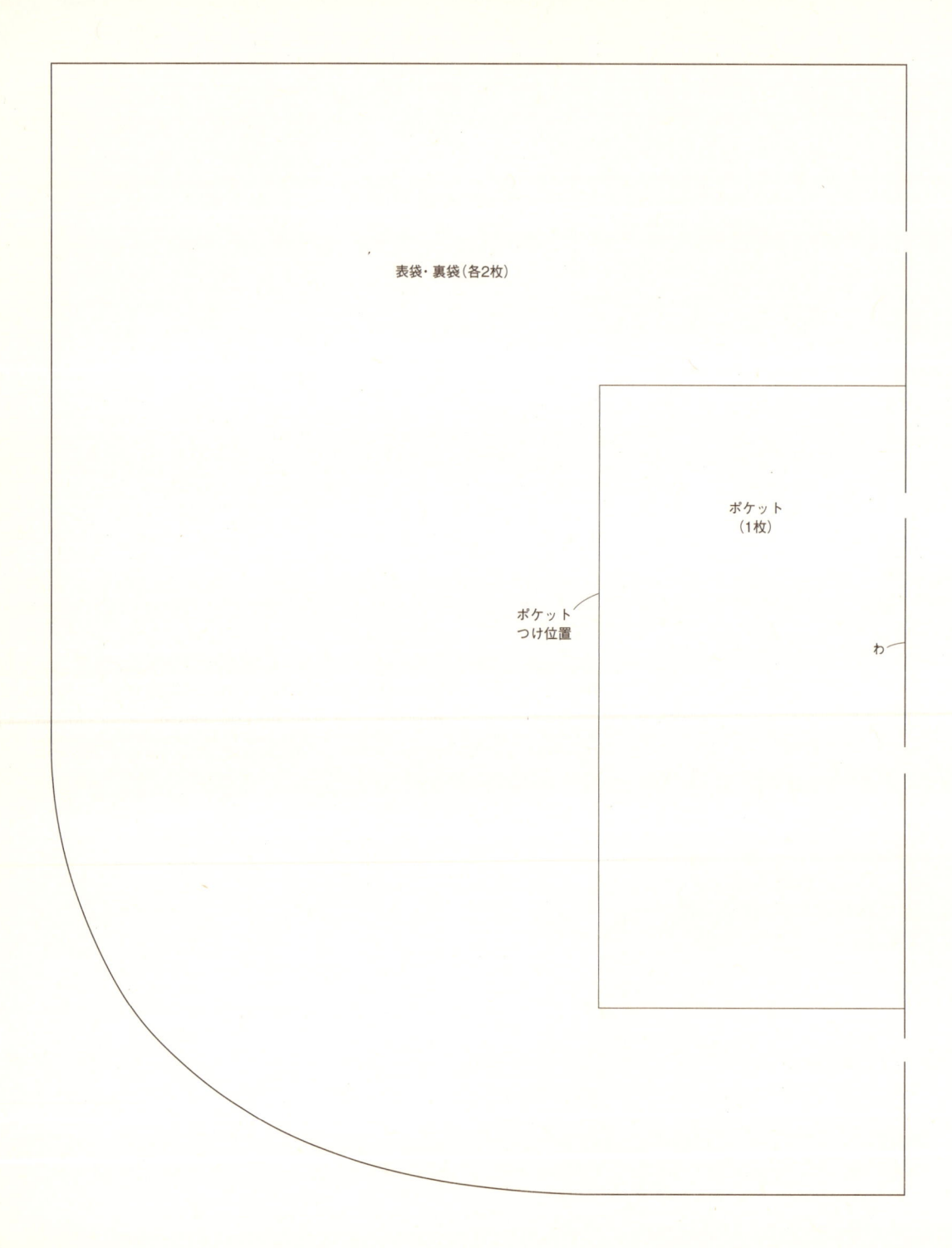

15　ポーチの実物大パターン　　コピーして使用

表袋・裏袋（各2枚）

ポケット
（1枚）

ポケット
つけ位置

わ

03 ロングタンク
▷ page 006

Tシャツのプリントと上下の色の組合せがとっておき。丈を長めにすることでコーディネートの幅もぐんと広がります。

[出来上り寸法]（メンズのSサイズ使用の場合）
着丈73cm　バスト84cm
＊あくまで目安で、元のタンクトップによって変わります。

[材料]
タンクトップ　1枚
Tシャツ　1枚

＊タンクトップとTシャツの選び方
Tシャツは、タンクトップの身幅と同じくらいか、少し大きいものを。サイズ感は、ジャストサイズでもゆったりでも好みの大きさで。USED感のあるPOPなプリントのものやパステルカラーがかわいい。

before

[作り方]

1 タンクトップの切替え線をカットする。

上部のみ使用
前はカーブさせてカットする
切替え線
前(表)　3.5　4　後ろ(表)　4
0.5
後ろは直線にカット

★Tシャツの身幅が大きい場合
タンクトップの身幅よりもTシャツが大きい場合は、タンクトップの身幅に合わせて脇をカットする。その後、脇を縫い、縫い代にロックミシンをかけ、脇裾の縫い代をミシンで押さえる。

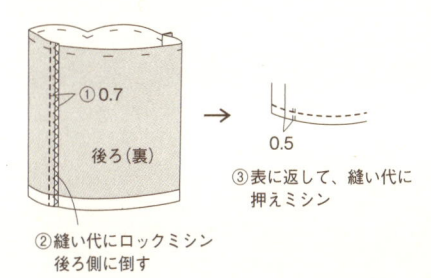

①0.7
後ろ(裏)
②縫い代にロックミシン 後ろ側に倒す
→ 0.5
③表に返して、縫い代に押えミシン

2 Tシャツの切替え線をカットする。

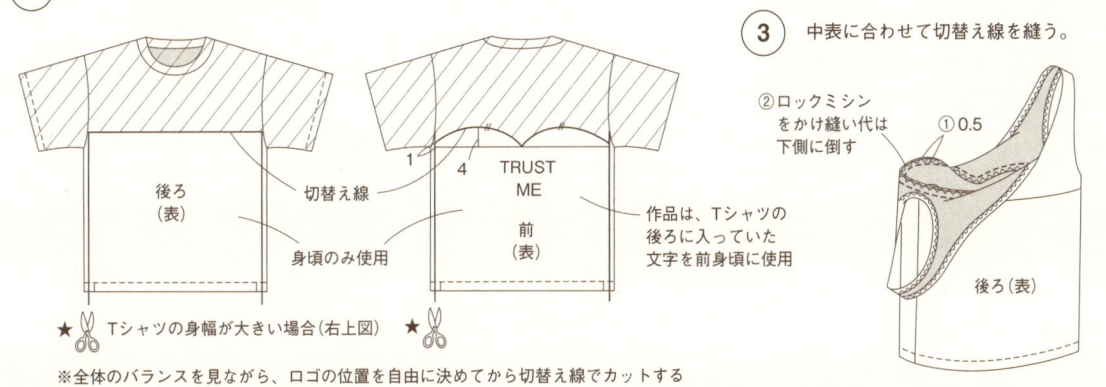

後ろ(表)　切替え線　身頃のみ使用
1　4　TRUST ME　前(表)
作品は、Tシャツの後ろに入っていた文字を前身頃に使用

★ Tシャツの身幅が大きい場合(右上図)
※全体のバランスを見ながら、ロゴの位置を自由に決めてから切替え線でカットする

3 中表に合わせて切替え線を縫う。

①0.5
②ロックミシンをかけ縫い代は下側に倒す
後ろ(表)

16 アニマルプリント衿のトップス
▷ page 022

丈はおへそが隠れるくらいの長さで、裾を曲線にカット。袖は7分くらいにカットしてパフスリーブに。ふわふわのシフォンにギャザーを寄せて衿ぐりに縫いつければガーリートップスの出来上り。

[出来上り寸法]（メンズのXLサイズ使用の場合）
着丈58cm　バスト124cm
＊あくまで目安で、元のスウェットによって変わります。

[材料]
スウェット　1枚
シフォンジョーゼット（衿）　150cm幅30cm

＊スウェットの選び方
メンズのBIGサイズ。衿がポイントなのでロゴはシンプルなものを。

[作り方]

① 好みの長さに袖丈を決め、スウェットの袖丈と袖口リブ、裾リブをカットする。

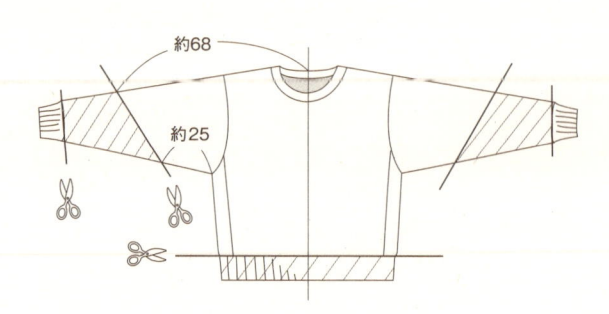

約68
約25

② 袖口にギャザーミシン（分量は図のようなバランスで）をかけ、伸ばした袖口リブの寸法に合わせて袖口を縮め、しつけする。

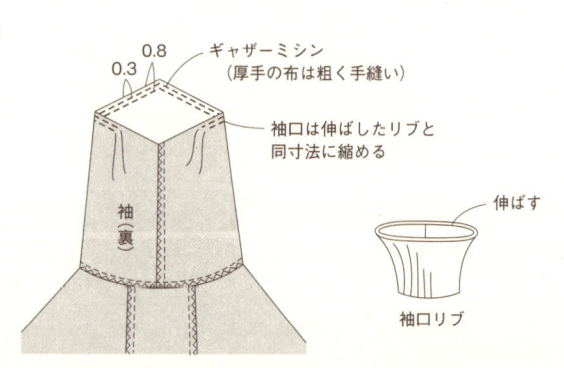

0.8
0.3
ギャザーミシン（厚手の布は粗く手縫い）
袖口は伸ばしたリブと同寸法に縮める
袖（裏）
伸ばす
袖口リブ

③ 袖口に袖口リブを縫いつける。

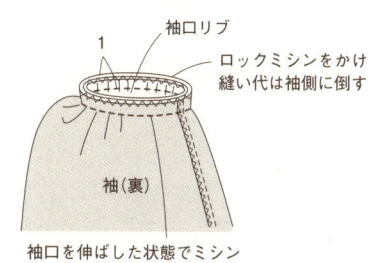

袖口リブ
ロックミシンをかけ
縫い代は袖側に倒す
袖(裏)
袖口を伸ばした状態でミシン

④ 衿を作り、衿ぐり寸法に合わせてギャザーを寄せる。

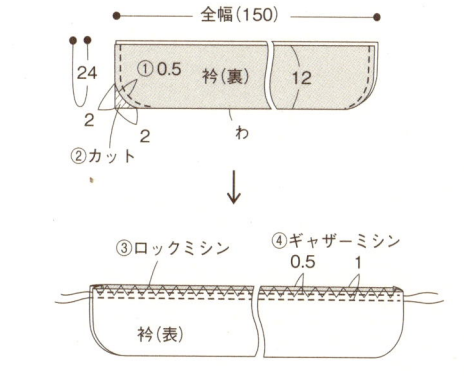

全幅(150)
24
①0.5　衿(裏)　12
2　2
②カット
わ

③ロックミシン　④ギャザーミシン
0.5　1
衿(表)

⑤ 身頃裏側のリブ縫い目の位置にミシン、または手縫いで衿を縫いつける。

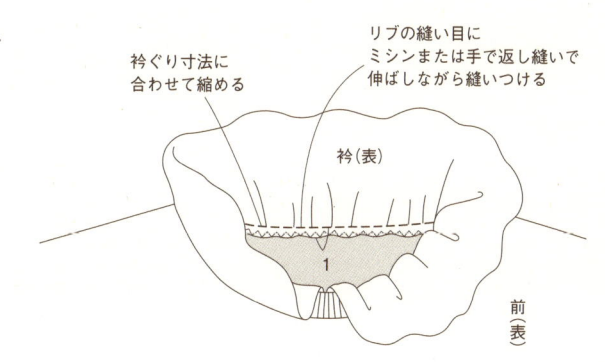

衿ぐり寸法に合わせて縮める
リブの縫い目にミシンまたは手で返し縫いで伸ばしながら縫いつける
衿(表)
1
前(表)

⑥ 全体のバランスを見ながら丈を決め、裾をカーブにカットして捨てミシンをかける。

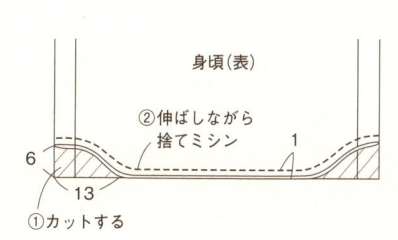

身頃(表)
②伸ばしながら捨てミシン　1
6
13
①カットする

17 チューブトップワンピ
▷ page 023

何度も洗われて目の詰まったビッグサイズのスウェット。胸部分に太ゴムテープを通して胸でしっかり止まるように。

[出来上り寸法]（メンズのXLサイズ使用の場合）
着丈90cm　バスト86cm
＊あくまで目安で、元のスウェットによって変わります。

[材料]
スウェット　1枚
ゴムテープ　5cm幅72cm
　（長さは胸囲の寸法によって調節する）

＊スウェットの選び方
メンズのBIGサイズ。スウェットのサイズが小さいと丈が短くなるので注意。

[作り方]

① スウェットの袖ぐりをカットし、袖口リブと袖下をカットする。

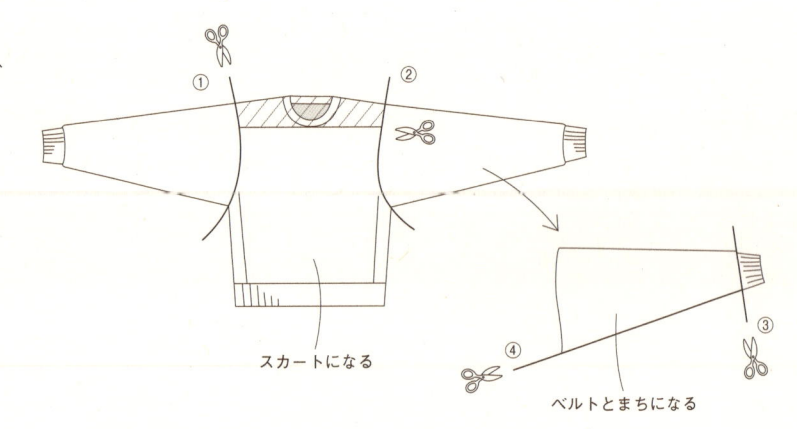

スカートになる
ベルトとまちになる

② スカートから、まちと胸ベルトの寸法を割り出し、袖部分でまちとベルトを裁断する。

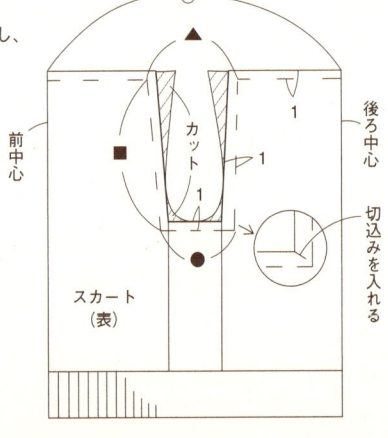

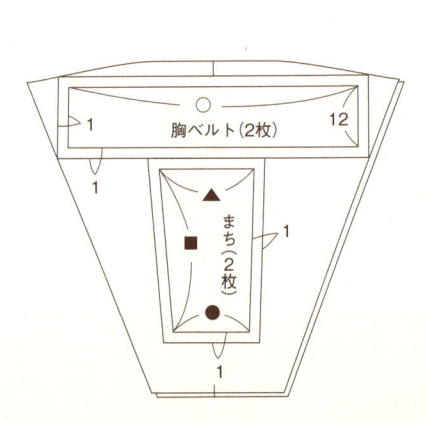

前中心　カット　後ろ中心　切込みを入れる
スカート（表）
脇

胸ベルト（2枚）
まち（2枚）

③ まちとスカートを縫い合わせる。

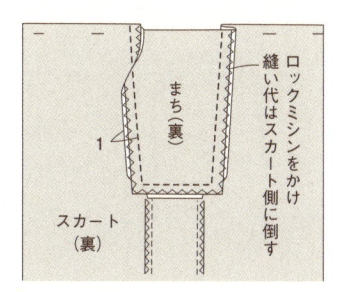

ロックミシンをかけ縫い代はスカート側に倒す
まち（裏）
スカート（裏）
1

④ 胸ベルトを縫う。
片側にゴムテープ通し口を残して両脇を縫い、縫い代は割る。

③
②
ゴムテープ通し口 6
胸ベルト（裏）
1
①2枚とも端にロックミシン

⑤ 左脇にゴムテープ通し口がくるようにしてスカートと胸ベルトを縫い合わせ、縫い代は割る。

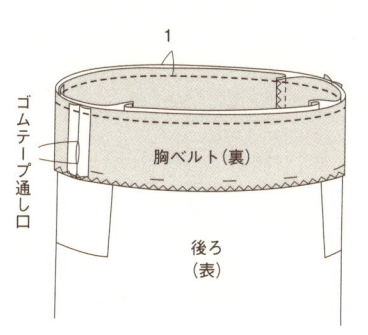

1
ゴムテープ通し口
胸ベルト（裏）
後ろ（表）

⑥ 胸ベルトを出来上りに折って落しミシンで縫う。

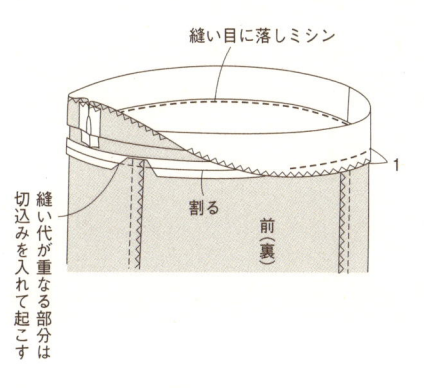

縫い目に落しミシン
縫い代が重なる部分は切込みを入れて起こす
割る
前（裏）
1

⑦ ゴムテープを通して口をまつる。
この時、ゴムテープを胸囲に当てて、苦しくなく、ずれないぐらいの長さに調節する。

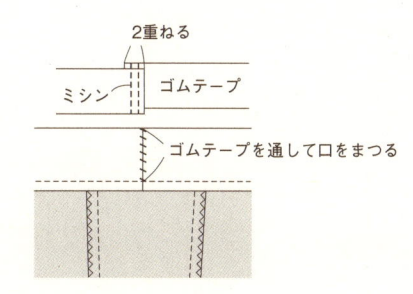

2重ねる
ミシン ゴムテープ
ゴムテープを通して口をまつる

18 ハーフハーフBIG チュニック
▷ page 024

同じ大きさのビッグサイズのスウェット2枚を左右のロゴのバランスを見ながらドッキング。袖のパフと身頃をAラインにすることで女の子らしく。

[出来上り寸法]（メンズのXLサイズ使用の場合）
着丈72cm　バスト144cm
＊あくまで目安で、元のスウェットによって変わります。

[材料]
スウェット（なるべく同じサイズのもの）　2枚

＊スウェットの選び方
メンズのBIGサイズ。左右のロゴ位置が似ているとバランスがとりやすいです。

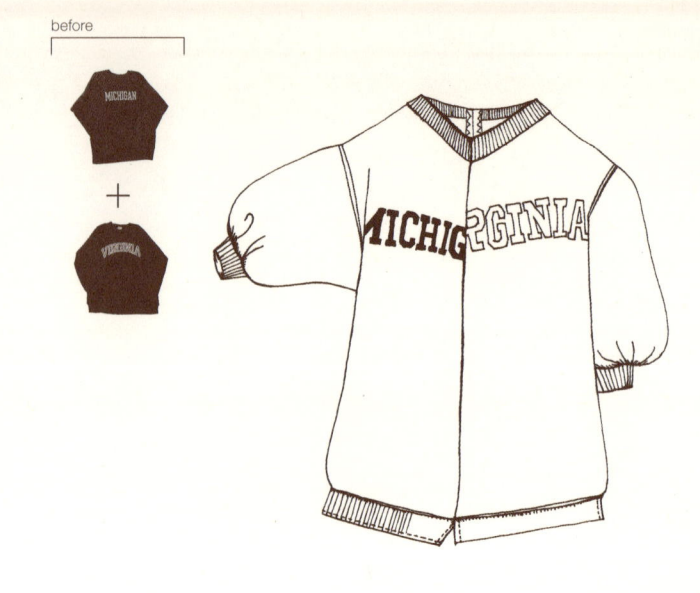

before

[作り方]

① スウェット2枚（A、Bとする）を背中合せに重ねて身頃のラインを決め、袖口リブと袖丈を好みの丈にカットする。

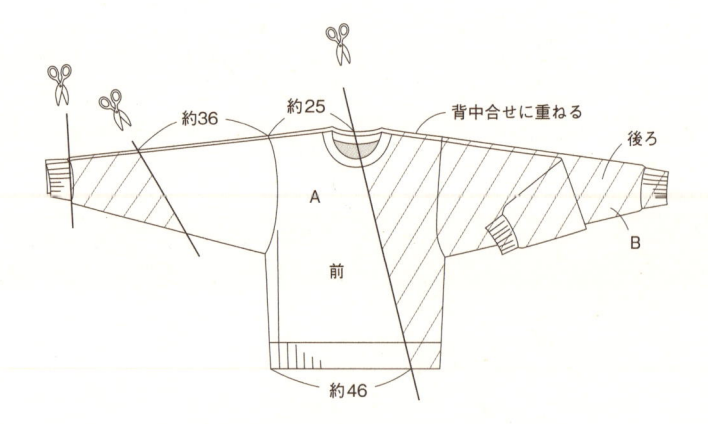

約36　約25　背中合せに重ねる　後ろ
A　前　B
約46

② 袖口にギャザーミシン（分量は図のようなバランスで）をかける。伸ばした袖口リブの寸法に合わせて袖口を縮め、しつけする。

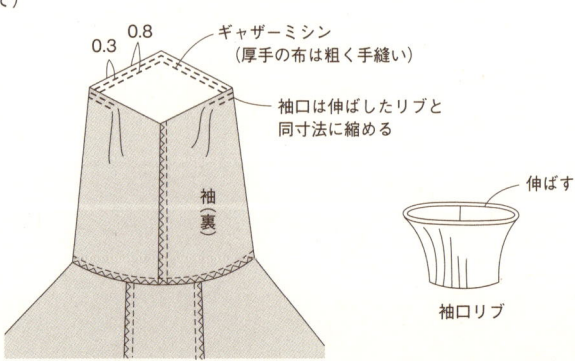

0.3　0.8
ギャザーミシン（厚手の布は粗く手縫い）
袖口は伸ばしたリブと同寸法に縮める
袖（裏）
伸ばす
袖口リブ

3. 袖口に袖口リブを縫いつける。

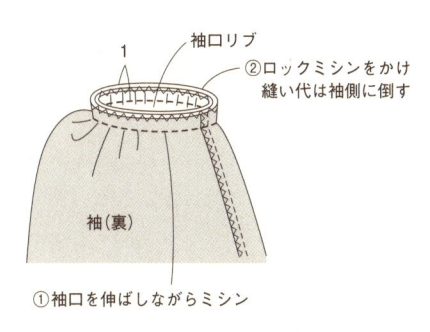

袖口リブ
1
②ロックミシンをかけ縫い代は袖側に倒す
袖（裏）
①袖口を伸ばしながらミシン

4. AとBの前後中心の縫い代に1枚ずつロックミシンをかける。
中表に合わせ、裾を短いほうに合わせてカットし、捨てミシンをかける。
前後中心をスリット止りまで縫い、縫い代はアイロンで割る。

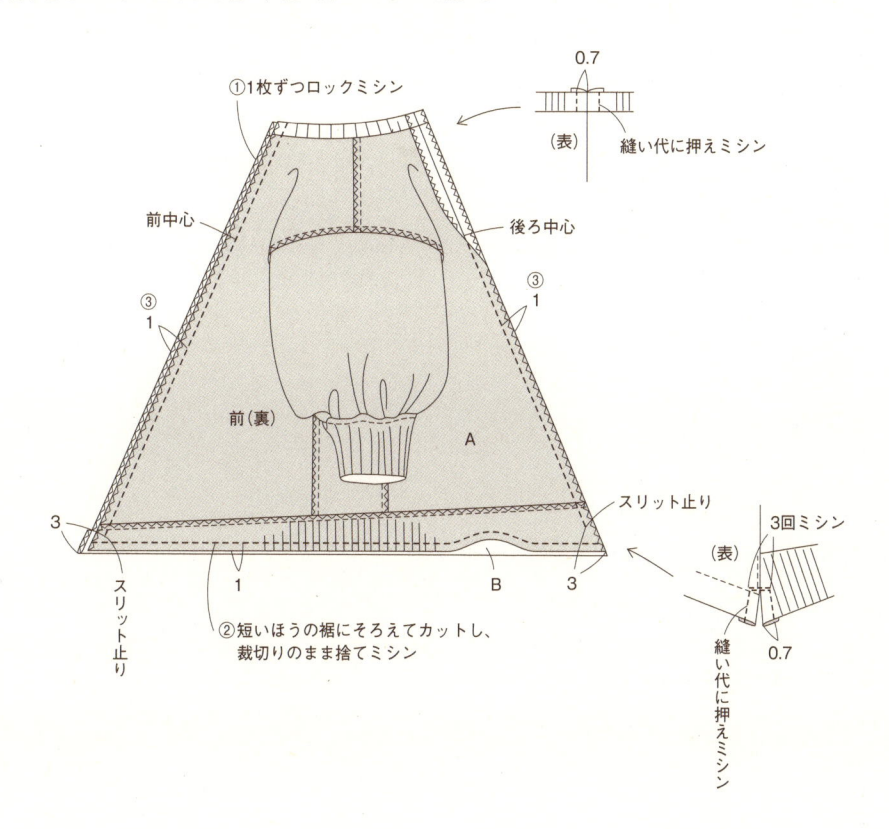

①1枚ずつロックミシン
前中心
後ろ中心
③
1
③
1
前（裏）
A
スリット止り
3
スリット止り
1
B
3
スリット止り
②短いほうの裾にそろえてカットし、裁切りのまま捨てミシン

0.7
（表）
縫い代に押えミシン

3回ミシン
（表）
0.7
縫い代に押えミシン

19 パーカーのワンピース
▷ page 025

古着のレーススカートとパーカーをドッキング。女の子らしく7分丈のパフスリーブにした身頃とフード周囲には繊細なレースを通して。

[出来上がり寸法]（メンズのMサイズ使用の場合）
着丈113cm　バスト96cm
＊あくまで目安で、元のパーカーによって変わります。

[材料]
パーカー　1枚
ロングスカート（ここでは裏地つきのレースの
　ティアードスカートを使用）　1枚
レースリボン　2cm幅1.1m

＊パーカーの選び方
大きめよりは、なるべくジャストサイズを選ぶとバランスがとりやすいです。

before

[作り方]

① パーカーの袖丈と袖口リブ、スカートの丈を好みの長さにカットする。

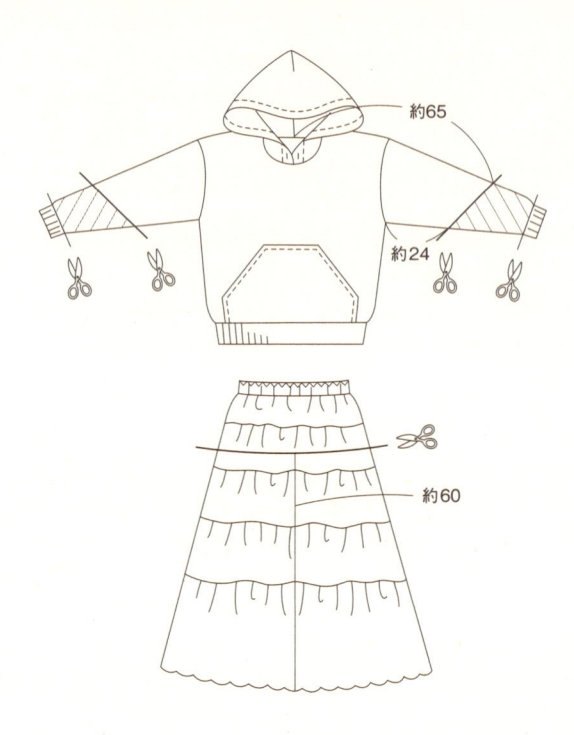

約65
約24
約60

② 袖口にギャザーミシン（分量は図のようなバランスで）をかける。伸ばした袖口リブの寸法に合わせて袖口を縮め、しつけする。

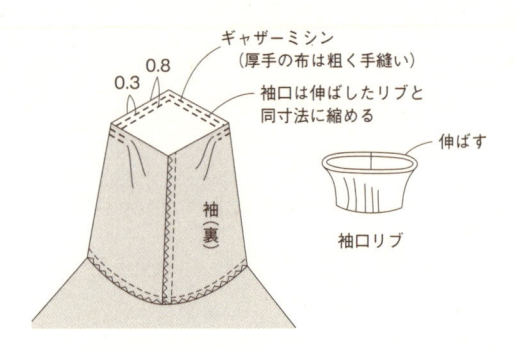

0.8
0.3
ギャザーミシン（厚手の布は粗く手縫い）
袖口は伸ばしたリブと同寸法に縮める
伸ばす
袖（裏）
袖口リブ

③ 袖口に袖口リブを縫いつける。

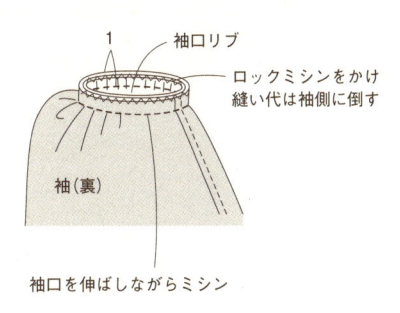

- 袖口リブ
- 1
- ロックミシンをかけ縫い代は袖側に倒す
- 袖（裏）
- 袖口を伸ばしながらミシン

④ 裏スカートに表スカートを重ね、余分を
タックにして裏スカートと寸法を合わせる。
2枚一緒にギャザーミシンと
ロックミシンをかける。

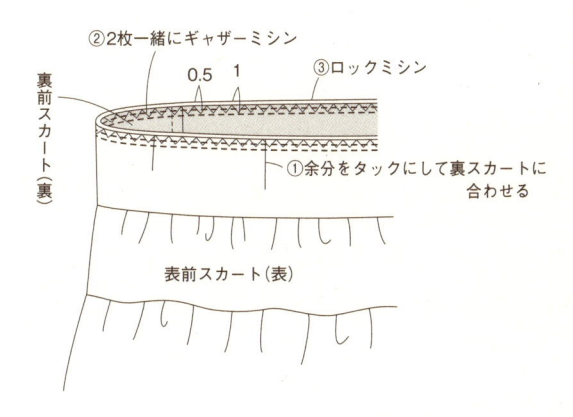

- ②2枚一緒にギャザーミシン
- ③ロックミシン
- 0.5　1
- 裏前スカート（裏）
- ①余分をタックにして裏スカートに合わせる
- 表前スカート（表）

⑤ パーカーとギャザーを寄せたスカートを
重ねてしつけをし、表側から縫う。

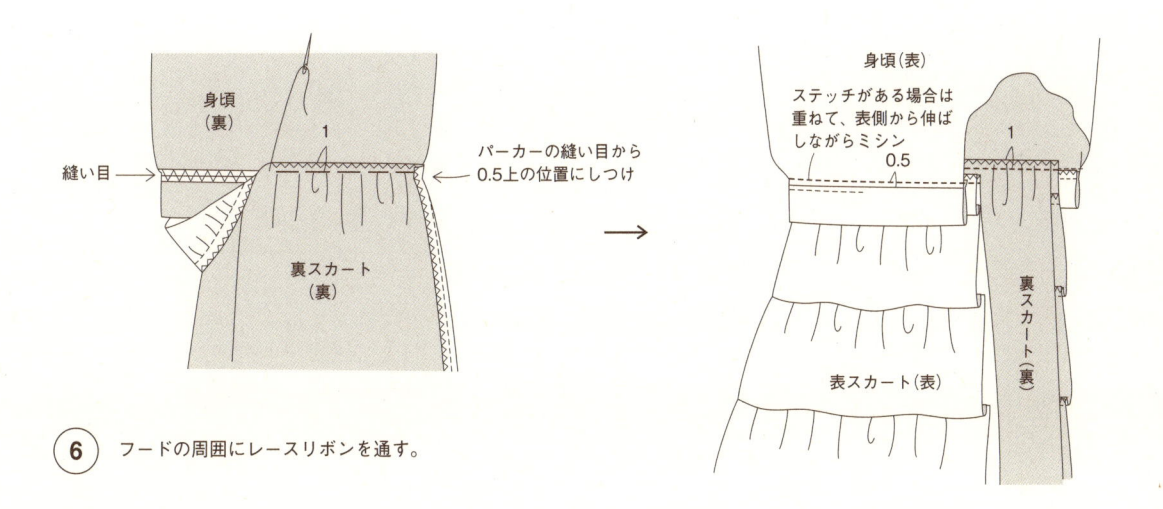

- 身頃（裏）
- 縫い目
- 1
- パーカーの縫い目から0.5上の位置にしつけ
- 裏スカート（裏）

→

- 身頃（表）
- ステッチがある場合は重ねて、表側から伸ばしながらミシン
- 1
- 0.5
- 表スカート（表）
- 裏スカート（裏）

⑥ フードの周囲にレースリボンを通す。

20 スカーフ衿の ステンカラーコート
▷ page 026

before

自分サイズのステンカラーコートの衿をカットオフして代りにスカーフにギャザーを寄せた衿をつけました。さらに裾にはスカーフの柄を切り抜いて気ままにパッチワーク。

[出来上り寸法]（レディスのSサイズ使用の場合）
着丈78cm　バスト94cm

＊あくまで目安で、元のコートによって変わります。

[材料]
ステンカラーコート　1枚
スカーフ（衿・アップリケ）66×66cm　1枚
薄手接着芯（アップリケ）　適宜

＊コートの選び方
なるべくジャストサイズを選ぶとバランスがとりやすいです。

[作り方]

① 身頃の衿ぐりをカットして衿をはずす。身頃の丈を全体のバランスを見ながら好みの丈にカットする。

約2

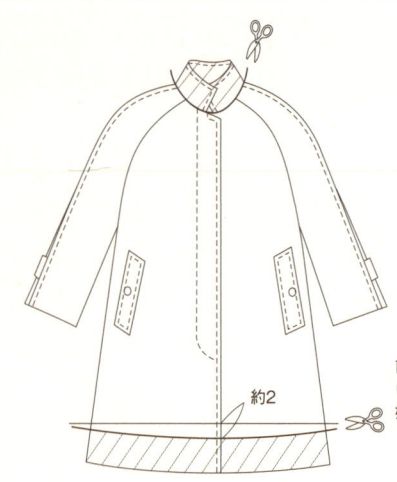

前後とも中心に向かってゆるやかにカーブさせて、好みの丈でカット。

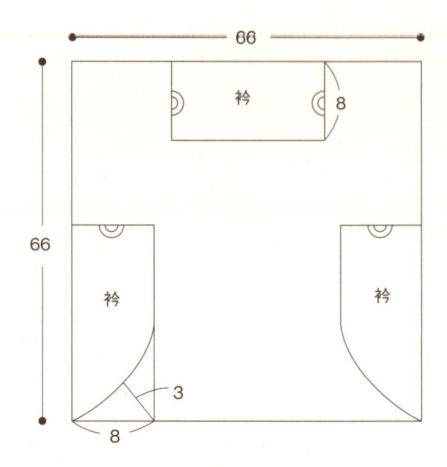

② スカーフから衿を裁断する。

66

66

衿　8

衿

衿

3
8

※衿の外回り寸法は身頃の衿ぐり寸法×約2倍
はぎ目の位置は柄によって変える。
残りはアップリケに使うので、好きな柄に
0.5の縫い代をつけて切り抜いておく。

③ 衿ぐりと裾は表布と裏布を重ねて2枚一緒に捨てミシンをかける。

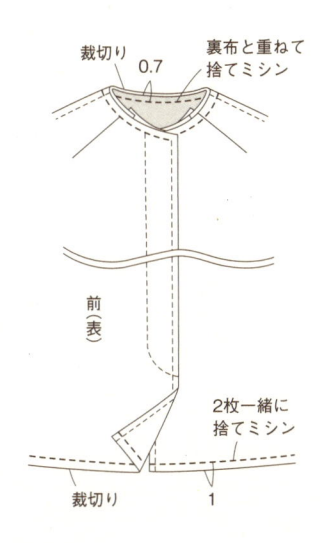

④ 衿のはぎを袋縫いにする(縫い代は中心側に片返し)。ロックミシンをかけた後、ギャザーミシンをかけて、身頃の衿ぐり寸法に縮める。

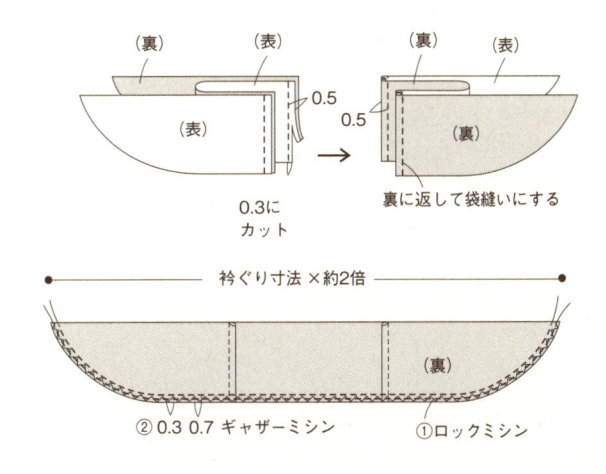

裁切り 0.7
裏布と重ねて捨てミシン
前(表)
2枚一緒に捨てミシン
裁切り 1

(裏) (表) (表)
0.5
0.3にカット

(裏) (表)
0.5
(裏)
裏に返して袋縫いにする

衿ぐり寸法×約2倍
(裏)
② 0.3 0.7 ギャザーミシン　① ロックミシン

⑤ 身頃の裏側に衿を重ねて縫う。

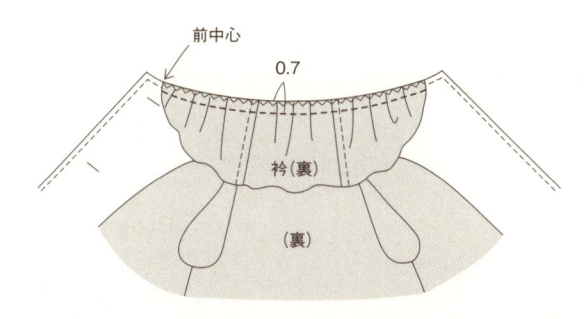

前中心
0.7
衿(裏)
(裏)

⑥ アップリケを全体のバランスを見ながら自由に配置し、まつる。

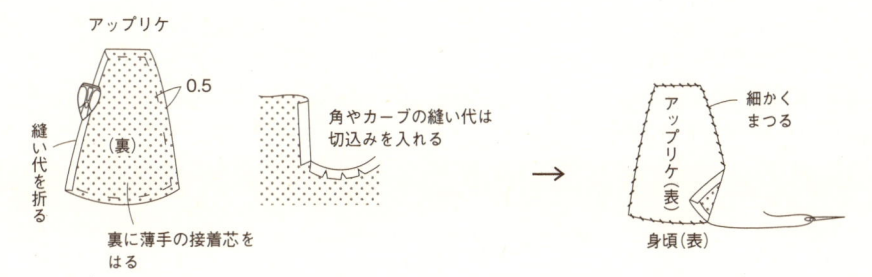

アップリケ
0.5
(裏)
縫い代を折る
裏に薄手の接着芯をはる

角やカーブの縫い代は切込みを入れる

→

アップリケ(表)
細かくまつる
身頃(表)

22 トレンチコートのポンチョ
▷ page 029

before

堅実なイメージのメンズサイズのダブルブレストのトレンチの袖を思い切って切り開き、ユーモラスなポンチョに。大胆なスカーフの柄のバランスを見ながら手縫いでチクチクつけていきます。

[出来上り寸法]（メンズのLサイズ使用の場合）
着丈76cm　バスト104cm
＊あくまで目安で、元のコートによって変わります。

[材料]
トレンチコート　1枚
スカーフ（アップリケ）90×90cm　1枚
薄手接着芯（アップリケ）　適宜

＊コートとスカーフの選び方
メンズのBIGサイズ。スカーフはチェーン柄などもおすすめです。

[準備]
スカーフ全体に薄手接着芯をはっておく。

[作り方]

1. 身頃の丈を全体のバランスを見ながら好みの丈にカットする。身頃の脇と袖下をカットする。

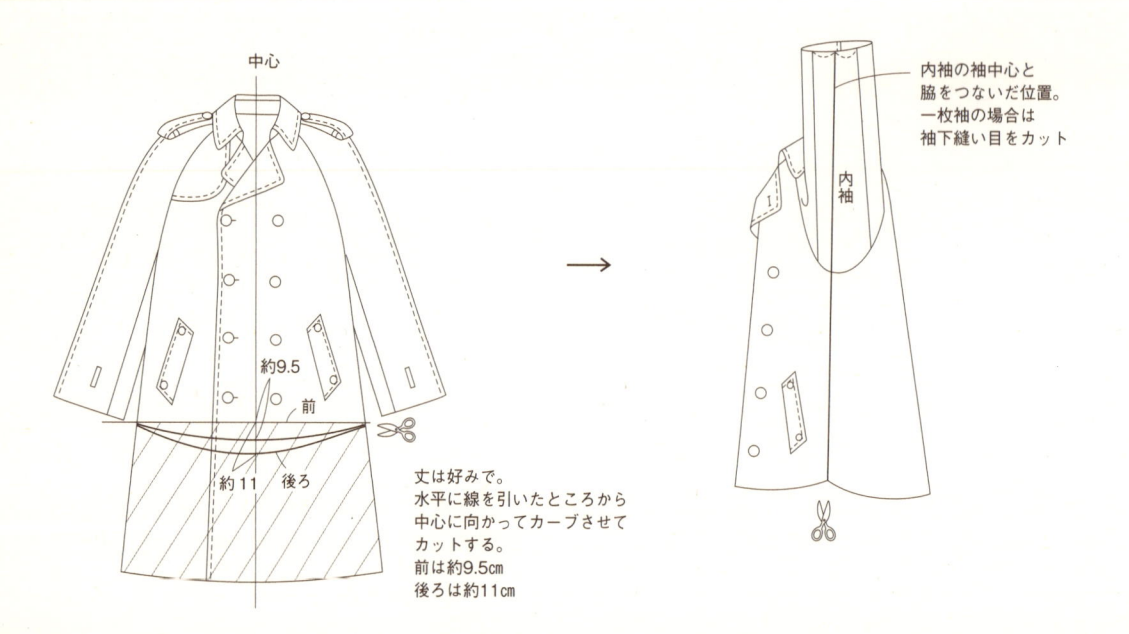

中心

約9.5
前
約11
後ろ

丈は好みで。
水平に線を引いたところから中心に向かってカーブさせてカットする。
前は約9.5cm
後ろは約11cm

内袖の袖中心と脇をつないだ位置。
一枚袖の場合は袖下縫い目をカット

内袖

② 脇を開いて表布と裏布がずれないようにしつけをし、2枚一緒にロックミシンをかける。身頃の裾は表布と裏布を重ねて2枚一緒に捨てミシンをかける。

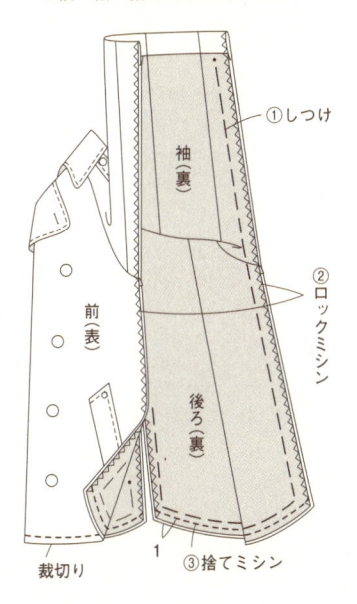

③ 前側の脇と袖下を二つ折りにして縫う。

④ 後ろ側の脇と袖下は中表に合わせて縫う(縫い代は後ろ側に倒す)。

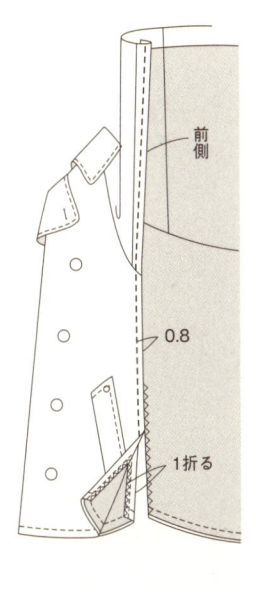

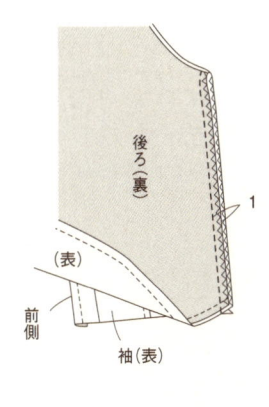

⑤ スカーフの好みの柄に0.5cmの縫い代をつけてアップリケをカットする。全体のバランスを見ながら自由に配置し、まつる。

21 スカーフモチーフのチャーム
▷ page 028

個性的なスカーフの柄を切り抜いて中にわたを詰めればチャームに。ラインストーンと合わせてバッグやキーホルダーなどにつけて。

[材料]
スカーフ
化繊わた　適宜
リボン　0.5cm幅4cm

[作り方]

① 半分に折ったリボンをモチーフの間にはさみ、返し口を残して周囲を縫う。

② 表に返し、返し口からわたを詰め、返し口をまつる。

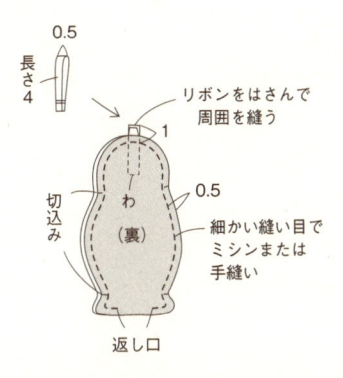

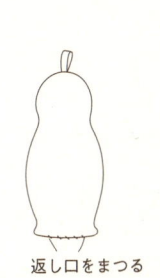

before

23 つなぎ合わせたワンピース

▷ page *030*

before

ユーズドの正方形のバンダナをつなぎ合わせて作るワンピース。同じネイビーでも、柄も色のトーンも一枚一枚微妙に違うのがいい。裾の部分はラフに結んで、歩くたびに揺れてかわいい。

[出来上り寸法]
着丈96cm　バスト126cm

[材料]
バンダナ　52×52cm　8枚

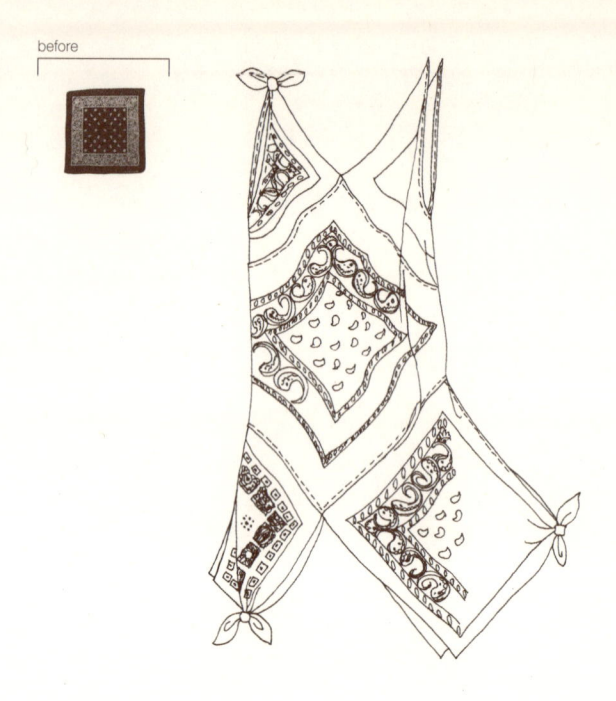

[作り方]

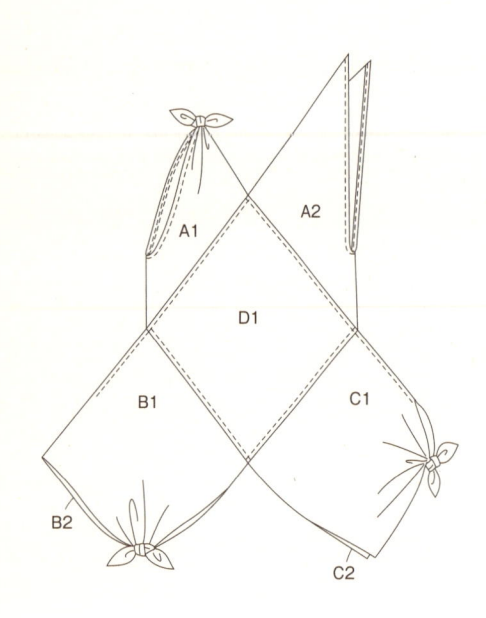

① Aの肩の部分に切込みを入れて、三つ折りにして縫う。2枚同じに作る。

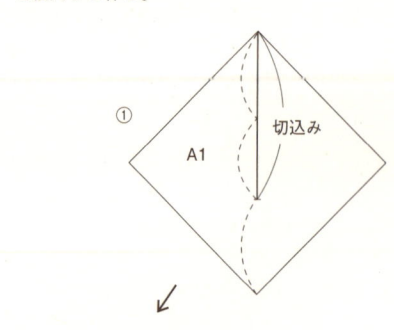

① A1 切込み

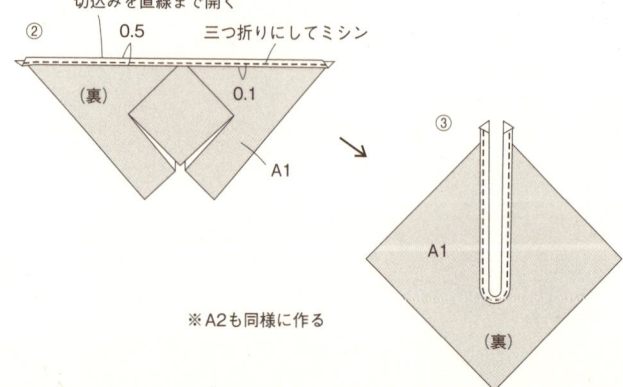

② 切込みを直線まで開く　三つ折りにしてミシン
0.5　0.1
(裏)　A1

③ A1 (裏)

※A2も同様に作る

② Bを重ねて縫止りまで縫う。

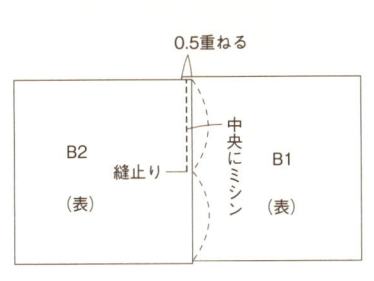

0.5重ねる

B2（表）　縫止り　中央にミシン　B1（表）

※C1,C2も同様

③ B・Cの上にDを重ねて縫う。

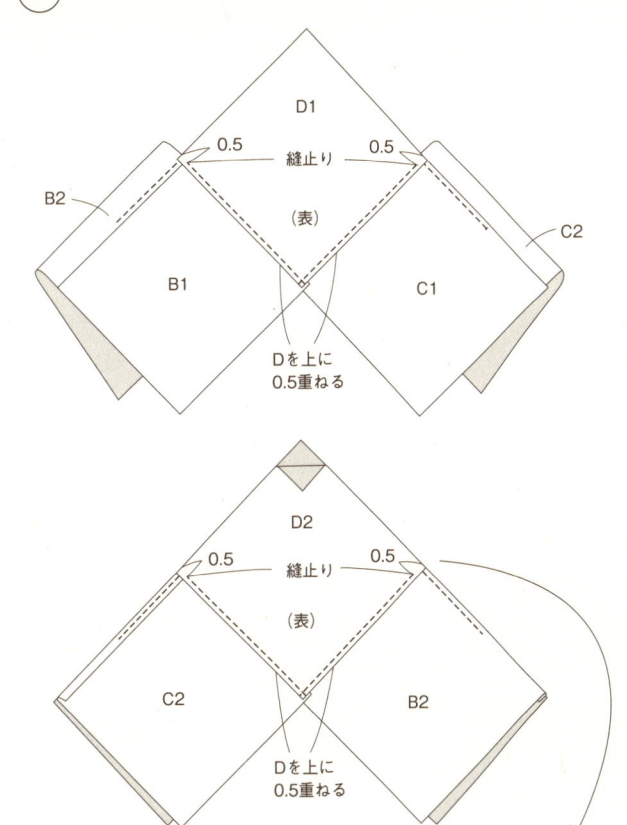

D1
0.5　縫止り　0.5
B2　　　　（表）　　　　C2
B1　　　　　　　　　　C1
Dを上に0.5重ねる

D2
0.5　縫止り　0.5
（表）
C2　　　　　　　　　　B2
Dを上に0.5重ねる

D2　D1
0.5　縫止り
B2　B1

④ Dの角を整えて Aの上に重ねて縫う。

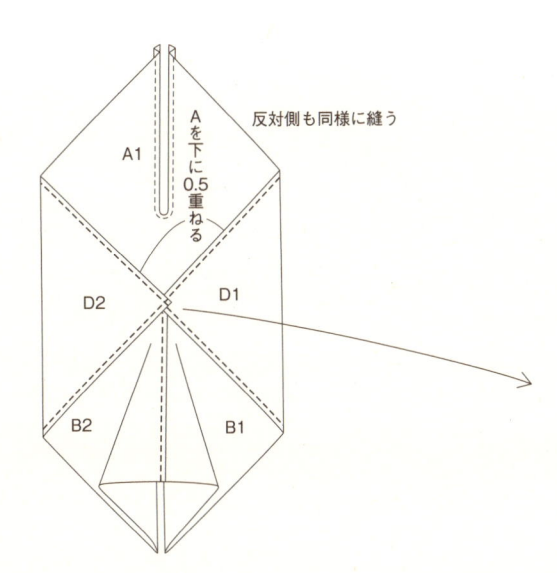

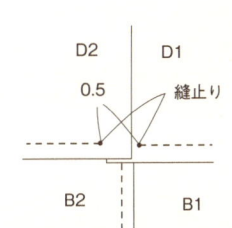

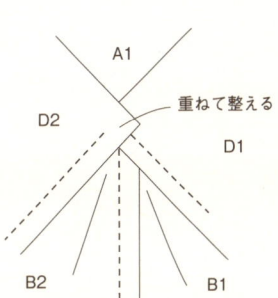

Aを下に0.5重ねる
A1
反対側も同様に縫う
D2　D1
B2　B1

A1
D2　　重ねて整える
D1
B2　B1

077 page

24 こどものキャミソールと スカート
▷ page *031*

胸のフリルとふんわりとしたスカートが女の子ならでは。ユーズドのバンダナを使えば、しなやかで風合いも抜群。

[出来上り寸法]（80〜90cmサイズ）
● キャミソール
着丈20cm　バスト42cm
● スカート
ウエスト32cm　スカート丈19cm

[材料]
● キャミソール
バンダナ　52×52cm　1枚
ゴムテープ　6コール幅　20cm
● スカート
バンダナ　52×52cm　2枚
ゴムテープ　6コール幅　40cm

[作り方]

キャミソール

1. 前後身頃の裾は耳を使用する。
ひもの幅は残布によって調節する。

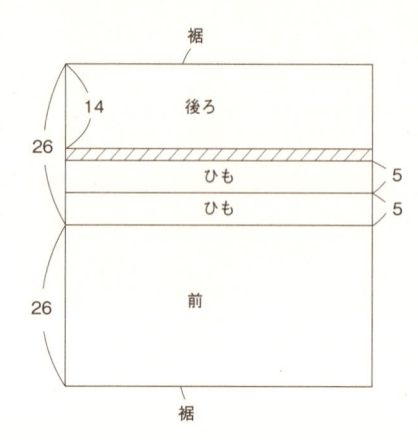

裾
14　後ろ
26
ひも　5
ひも　5
26　前
裾

2. 前フリル部分の端を表側に三つ折りにして縫う。

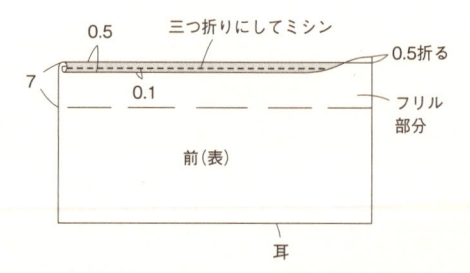

0.5　三つ折りにしてミシン　0.5折る
7
0.1　フリル部分
前（表）
耳

3. フリル部分を表側に折って縫い、ひも通しを作る。

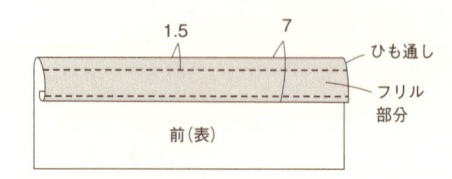

1.5　7　ひも通し
フリル部分
前（表）

4. 後ろの端を三つ折りにして縫い、ゴムテープを通す。
両端にゴムテープとめミシンをかける。

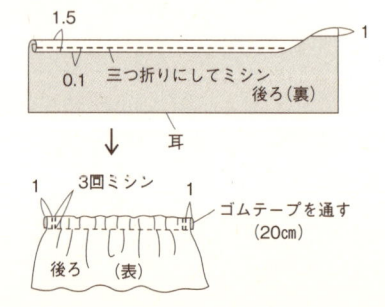

1.5　1
0.1　三つ折りにしてミシン
後ろ（裏）
耳

1　3回ミシン　1
ゴムテープを通す（20cm）
後ろ（表）

⑤ 前後を中表に合わせて両脇を縫う
（縫い代は前側に倒す）。

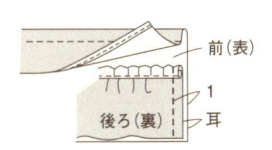

⑥ ひもを作り、前フリルに通す。

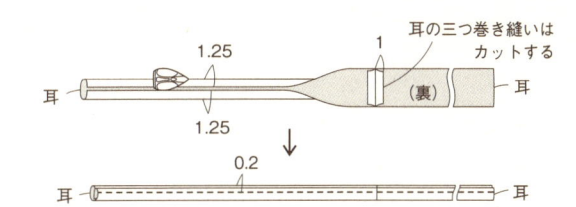

前（表）
後ろ（裏）
1
耳

1.25
1
耳の三つ巻き縫いはカットする
耳 （裏) 耳
1.25

↓

耳 0.2 耳

スカート

① スカートはバンダナを2等分する。
ひもは柄部分を使用する。

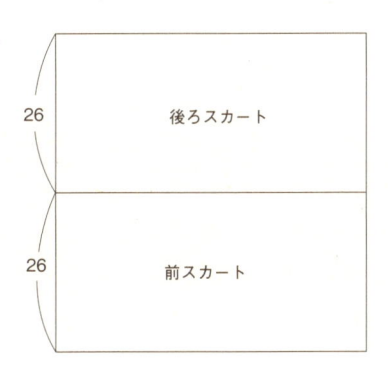

26 後ろスカート

26 前スカート

② 左にゴムテープ通し口を残して両脇を縫う（縫い代は割る）。
ゴムテープ通し口の縫い代をミシンで押さえる。

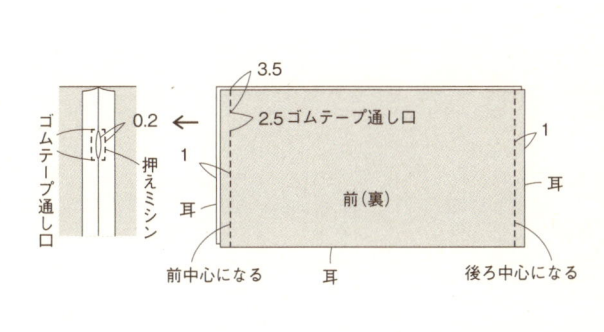

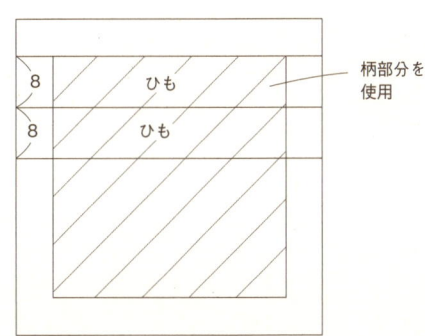

3.5
ゴムテープ通し口 0.2 ←
押えミシン
2.5 ゴムテープ通し口
1
1 耳
前（裏）
耳
前中心になる　耳　後ろ中心になる

8 ひも
8 ひも
柄部分を使用

③ ウエストを三つ折り、裾を二つ折りにして縫う。

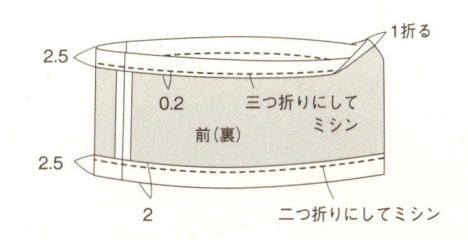

2.5
1折る
0.2
三つ折りにしてミシン
前（裏）
2.5
2
二つ折りにしてミシン

④ ひもを作る。
ウエストにゴムテープを通してから
ひもを通す。

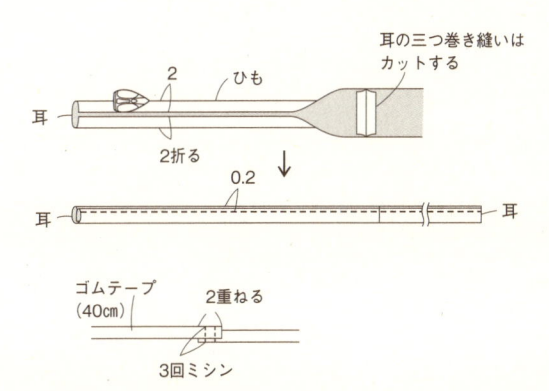

2 ひも
耳の三つ巻き縫いはカットする
2折る

↓

耳 0.2 耳

ゴムテープ（40cm）　2重ねる
3回ミシン

25 ポシェット
▷ page 032

きんちゃくタイプのポシェットは斜めがけもかわいい。おとなもこどもも共用で。

[出来上り寸法]
20×25cm（袋の部分）

[材料]
バンダナ 52×52cm 3枚

before

[作り方]

① Aで裁断する肩ひもは、耳の三つ巻き縫いカットする。
Bは中心を切り抜く。
Cは四角いままギャザーを寄せる。

A 肩ひも、口ひも
9
6 肩ひも
5 口ひも通し布 5
口ひも　　　　　　口ひも
5
9
6 肩ひも

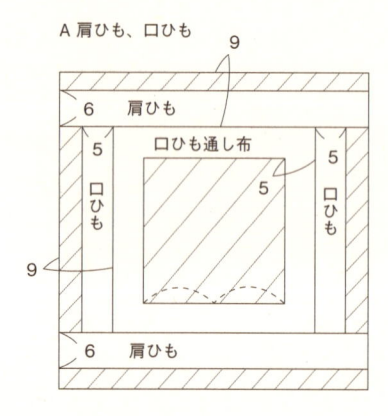

B フリル
19
19

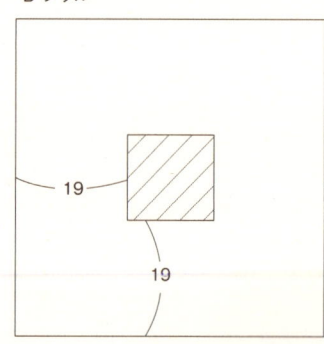

C 袋
0.8
2.5
袋
ギャザーミシン
Bとはぎ合わせる

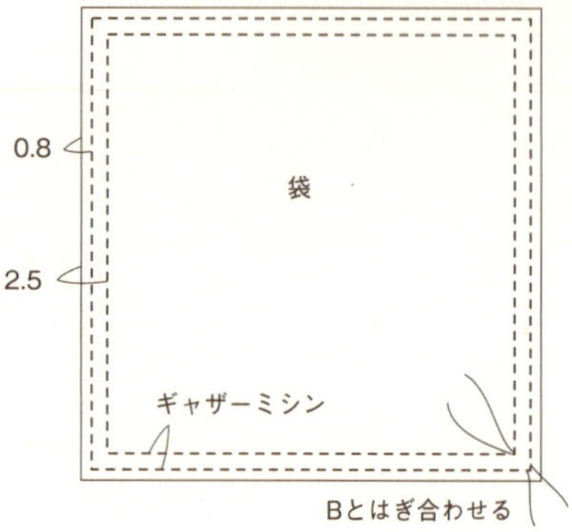

② 口ひも通し布の縫い代を折り、Bに縫いつける。

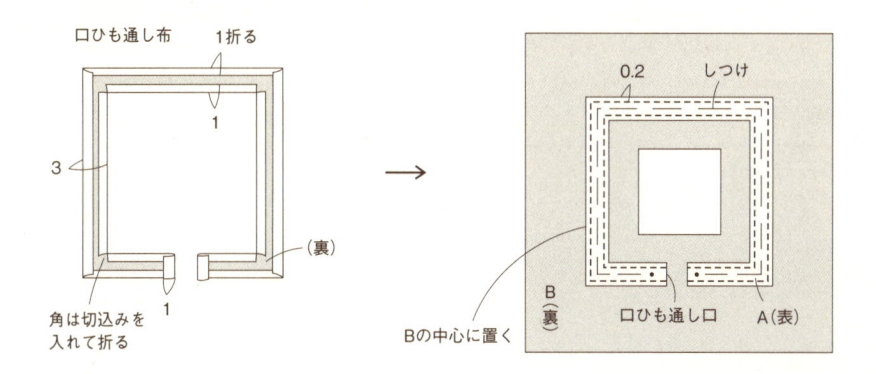

口ひも通し布　1折る

3

角は切込みを入れて折る

1

(裏)

→

0.2　しつけ

B(裏)　口ひも通し口　A(表)

Bの中心に置く

③ Bとギャザーを寄せたCの角を合わせて縫う。

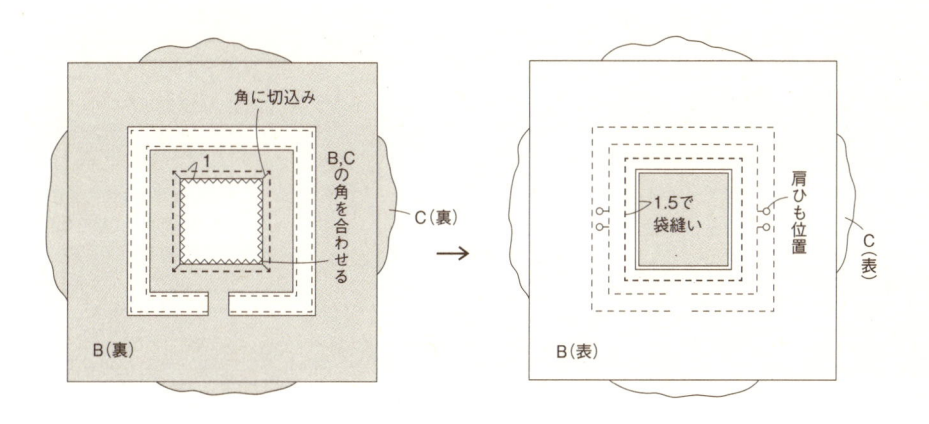

角に切込み

1

B,Cの角を合わせる

C(裏)

B(裏)

→

1.5で袋縫い

肩ひも位置

C(表)

B(表)

④ 肩ひもを作り、縫いつける。
口ひもを作り、通し口から通す。

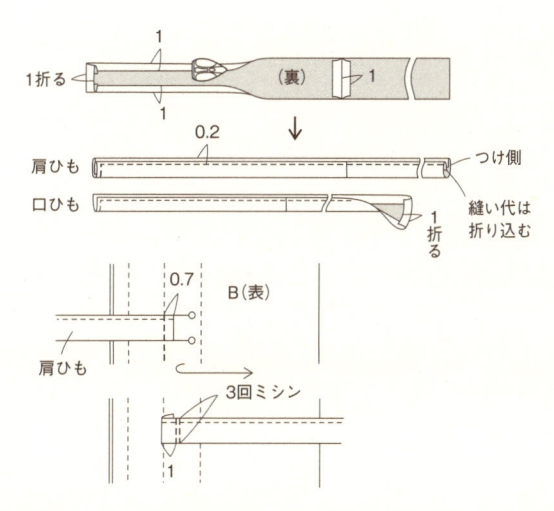

1折る　1　1　(裏)　1

0.2

肩ひも　つけ側

口ひも　1折る　縫い代は折り込む

0.7　B(表)

肩ひも　3回ミシン

1

Violette Room　バイオレットルーム

ハマノマリ
文化服装学院卒。2009年よりレディスのブランドViolette Roomをスタートさせ、HOME WEAR、DAILY WEAR、SPECIAL WEARとそれぞれの生活シーンに合わせた衣服を提案。おおらかでくつろいだシルエット、思わず笑みがこぼれるようなディテールを取り入れ、あたたかくどこかセンチメンタルなムードのある洋服を発表している。
http://www.violetteroom.com/

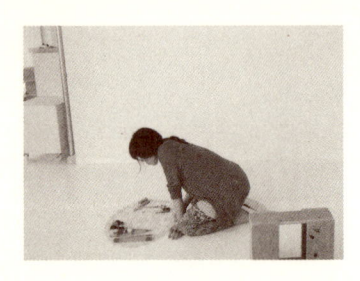

ヴィンテージ・リメイク
ボーイズ古着をガールズアイテムにリメイク

発　行　2012年10月7日　第1刷

著　者　Violette Room
発行者　大沼 淳
発行所　学校法人文化学園 文化出版局
　　　　〒151-8524　東京都渋谷区代々木3-22-7
　　　　電話 03-3299-2485（編集）
　　　　　　 03-3299-2540（営業）
印刷・製本所　株式会社文化カラー印刷

©Violette Room 2012　Printed in Japan
本書の写真、カット及び内容の無断転載を禁じます。

・本書のコピー、スキャン、デジタル化等の無断複製は著作権法上での例外を除き、禁じられています。本書を代行業者等の第三者に依頼してスキャンやデジタル化することは、たとえ個人や家庭内での利用でも著作権法違反になります。
・本書で紹介した作品の全部または一部を商品化、複製頒布、及びコンクールなどの応募作品として出品することは禁じられています。
・撮影状況や印刷により、作品の色は実物と多少異なる場合があります。ご了承ください。

文化出版局のホームページ
http://books.bunka.ac.jp/
書籍編集部情報や作品投稿などのコミュニティサイト
http://fashionjp.net/community/

ブックデザイン　木村真喜子（lunch）
撮影　高橋依里
スタイリング　加藤みゆき
ヘア＆メイク　中軍裕美子
縫製協力　植木正子
作り方解説　助川睦子
本文デジタルトレース　薄井年夫
イラスト　佐々木明子
校閲　向井雅子
編集　田中 薫（文化出版局）

撮影協力
EDIT.FOR LULU
東京都渋谷区神宮前4-2-14
tel 03-5772-3266

Burnish
東京都渋谷区西原3-5-4
tel 03-3468-0152

TORO
東京都渋谷区神宮前6-19-17 石田ビル4F
tel 03-3486-8673

Mother Lip
東京都渋谷区代官山町14-11
tel 03-3463-0472

原宿シカゴ　神宮前店
東京都渋谷区神宮前4-26-26 第1谷村ビル
tel 03-5414-5107

Orné de Feuilles AOYAMA
東京都渋谷区渋谷2-3-3 青山Oビル1F
tel 03-3499-0140

Inspiration by Orné de Feuilles
東京都目黒区中央町1-21-9
tel 03-3716-4061

BonBoni
東京都世田谷区太子堂2-14-14
tel 03-6450-8222

g{i}ven.
東京都目黒区青葉台3-5-33 1F
tel 03-6416-5773